創作，是心靈療癒的旅程

茱莉亞・卡麥隆 Julia Cameron——著
鍾清瑜——譯

目錄

特別推薦序

娜妲莉・高柏（Natalie Goldberg）
詩人、畫家、教師，全球暢銷書《心靈寫作：創造你的異想世界》作者

這是盛大慶祝《創作，是心靈療癒的旅程》的廿五週年紀念版，本書深深影響了許多人。早在九〇年代初期，茱莉亞即大膽主張，創意存在於每個人的內心深處，那是可以灌溉、可以綻放的創意。眞是人人平等！眞是美式作風！藝術並不專屬於菁英分子（受到上天青睞的極少數特殊分子）。她的話語字字屬實，令人感到自由奔放。在眾人的渴望之下，本書銷售驚人，同時深植人心。我看過這本書陳列在書店、藝術博物館的顯眼處，也看過它被放在五金行、雜貨店、藥局、地圖店的貨架上。創意的秘密從四面八方冒出來，光明正大站出來。

茱莉亞是我的朋友，我們熱愛同一地點——寫作人的必備工具之一。我倆相識於新墨西哥州的陶斯（Taos），此地是我們創意湧現的源地。我知道她目前在加州聖達菲，帶著狗狗走在查敏莎登山步道上。

某日相聚時，我抱怨自己命運坎坷，她轉過身、用湛藍的眼珠看著我，微笑著說：「我要開展大家的生命，永不停歇。」她言行一致：寫劇本、音樂劇、小說（但卻沒幾個人知道她烤的蜜桃派好吃極了）。她認眞傾聽朋友的傷心事。

茱莉亞持續滋長她的內在生命，大家可以從書中的誠懇感受得到。祝《創作，是心靈療癒的旅程》持續啓發眾人，在多變的政治環境中、在崎嶇的人生道路上向前邁進。祝本書持續銷售長長久久。

二十五週年出版紀念序

我一個人坐在簡餐店內獨自用餐，一位女士走近我的餐桌。

「不好意思，」她說：「有沒有人跟妳說過，妳長得很像茱利亞．卡麥隆？」

我驚訝地回答：「我就是茱莉亞．卡麥隆。」換成她吃驚了。「我的天哪，」她喊道：「妳的書改變了我的人生，使我成了小說家。」「好極了！」我對她說，實在是開心。「妳鐵定常常聽到像我這樣的故事吧。」她說。「確實如此，但聽了還是一樣激動。」二十五年前，我出版了《創作，是心靈療癒的旅程》，我認爲這是替藝術家打氣的工具書；但它受歡迎的程度出乎我的意料之外，我原以爲這只是替自己和少數幾位友人寫的書，結果我的作品說中數百萬人的心聲。書的主要前提是——我們都有創意，運用幾種簡單工具就能變得更有創意。

我深信創作即實踐靈性；只要向偉大的造物者敞開自我，祂透過我們打造事物，我們成爲靈性能量進入人世間的管道。寫作、繪畫、舞蹈、演戲——不論用何種形式展現創意，偉大的造物者使我們意氣風發。我在簡餐店的巧遇其實是稀鬆平常的事。

話總是這麼說的：「妳的書改變了我的人生。」

「不，」我常回答說：「你改變了你的人生，你使用了我爲你準備好的工具。」

我認為人人都應該將自己的創意付諸行動；我的工具很簡單，引請眾人在實踐靈性時擁護「簡單」二字。對於我的最新著作，近來有篇書評提到這些工具「簡單，一再重複。」我覺得這是件好事，每本書中的工具都一樣，這本書中管用的簡單工具，在出版了十幾本書之後仍然管用。

我在旅途中遇見過使用這些工具多年的人，「晨間隨筆我寫了十五年。」有位男士最近對我說，他的晨間隨筆是三頁手稿，早晨提筆，寫滿了一本又一本的日誌。他沒有放棄，因為它們「管用」。

一位女士告訴我，第二項重要工具，藝術之約，也就是每週一次的獨自出遊，使她的生活充滿了奇遇。

晨間隨筆和藝術之約合併使用的確能改變人生。

「我把妳的書送給媽媽和姐妹，」一位女士在簽書會中告訴我：「我們都覺得這本書很管用，」她說：「現在請妳替我男朋友這本簽名。」

我問了他的名字，簡單寫下「願以文會友」。

我相信這本書對他也會「管用」。我已經變得依賴這本書，我相信它確實能改變生命。有人問我：「茱莉亞，我們的故事妳會不會聽到不耐煩了？」答案是不會。創意永不令人厭煩，永遠是場奇遇，我有幸能一起分享的奇遇。「我原本是不快樂的律師。」一位百老匯演員告訴我，「後來我用了妳的工具，現在我是演員，快樂的演員。」「我原本是妳所謂的『影子藝術家』，」一位活躍的導演告訴我：「我原本是製作人，用了妳的工具以後展現出導演本色。我跟著妳的書做了三回，每次都能突破瓶頸，謝謝妳。」

「妳的書我用得很順手，」一位藝術攝影師對我說：「以前我在心血來潮時創作，但妳的工具書讓我的創作力穩定且不間斷。」

「使用這本書之前，我的生活很戲劇化。」一位詩人對我說：「以前我總是在等靈感像閃電般乍現，現在我知道我的創意是細水長流。我定期寫詩，沒有驚天動地的戲碼；寫出來的詩和以前寫的比起來毫不遜色。」

諸如此類的感想讓我覺得這些年的教學生涯非常值得，很高興自己能服務人群。我收到誠懇的信函感謝我的作品，告訴我這本書所造成的改變。

偶爾也有人公開致謝，小說家派翠西亞・康薇爾（Patricia Cornwell）在懸疑小說《微物證據》（*Trace*，臉譜出版，二〇一八年）的獻辭中感謝我。音樂人彼得・湯森（Pete Townshend）在他的自傳《我是誰》（*Who I Am*，二〇一三年）中提及《創作，是心靈療癒的旅程》。名人背書固然令人興奮，但這本書也許在幫助無名氣者時才得以發揮最佳功效——創意之外的議題也能受益。

「茱莉亞，我原本是住在窮鄉僻壤的醉鬼，現在我戒酒了，在好萊塢寫電影劇本。」一位靈性實踐者寫信給我。寫晨間隨筆的人經常會面對戒酒、童年創傷、肥胖症之類的惱人議題；隨筆迫使人誠實面對心魔。

去年秋天我在聖多娜（亞利桑那州）爲九十位學員上課；第二天晚上有場聚會，參加者都是受到《創作，是心靈療癒的旅程》影響而身心療癒者。他們一位接一位提及突破、領悟、健康；輪到我分享的時候，我告訴這群人，他們的康復令我大感驕傲。我感恩他們的認可；也感恩他們以不同的步伐一步步邁向身心靈的康健。

「茱莉亞，」有時我會被問到：「妳不怕引發出一大堆糟糕的藝術嗎？」

「不怕，」我答道，似乎是正好相反，能突破瓶頸的往往都是藝術佳作。我很納悶，「他們怎麼會不知道自己是藝術家？」然而，許多人在沒看到我的書之前是不知道的。多數藝術家在早期從未受過鼓勵，因此也許根本不知道自己是藝術家。藝術家互相關愛；影子藝術家物以類聚，但不敢申張自己與生俱來的權利。我呼籲他們走出陰影，站在創意的陽光下。

很多時候，我們在生命的某個區塊阻滯不前，因爲那樣子感覺比較安全。工具給實踐者安全感，他們學著在晨間隨筆中小小冒險一番，接下來就能冒更大的風險。一步一腳印，他們化身爲藝術家。這批工具在四分之一個世紀之前首度問世，這本書長年暢銷讓我心滿意足，我的信念更加堅定，我們都擁有創意，都渴望進一步的創意。

十週年再版序

藝術是一種心靈的活動。

藝術家是夢想家。我們慣常有一種信念，清楚看到創作目標在遠方閃爍，同時朝目標邁進。然而這往往只有我們看得到，周圍的人卻視而不見。我們的作品創造市場，而不是市場創造作品，但要記住這點並不容易。藝術是信念的行爲，我們練習付諸行動。有時我們受到召喚而踏上朝聖之旅，但就像許多朝聖者一樣，心存疑慮卻仍然回應。

我正坐在漆黑的中式書桌上寫作，從桌面向西望，能看到哈德遜河彼岸的美國。曼哈頓自成一國，我目前住在曼哈頓西岸，努力把白紙黑字的音樂劇搬上舞台。曼哈頓是個歌手雲集的地方，百老匯更不用提了。我之所以在這裡，是因爲「藝術」的引領；我奉命前來。

以人口計算，曼哈頓可能是全美藝術家最密集的地方。我住在上西區，此區的大提琴和愛荷華的牛一樣多，也同樣笨拙，堪稱此地的特殊景觀。我敲著打字機，看著窗外燈火，如今我在曼哈頓已稍有名氣。我在此用鋼琴譜出旋律，十條馬路之外的地方，瘦長的羅傑斯（Richard Rogers，作曲家）在十幾歲時遇到矮男孩哈特（Larry Hart，作詞家），兩人長期合作，抱著共同的夢想度過風風雨雨。

我的公寓位於島上狹窄這一端的河畔大道，我向西面對河的時候，百老匯在我背後不到一條街的距離。陽光在漆黑的河水上灑下色彩繽紛的緞帶，這條寬廣的河流不僅漆黑，在風大的日子（這種日子還眞不少），河面還會翻湧白浪。櫻桃紅的拖船猶如意志堅決的甲蟲般破浪前進，在河面上前後穿梭，用船首推動著長駁船。曼哈頓是個港口城市，也是夢想登陸的地點。

曼哈頓到處都是夢想家。所有的藝術家都有夢想，我們懷抱著夢想來到此地。但不是每個人都身穿黑衣、抽香菸、喝烈酒、住在沒有電梯的小公寓裡，懷著希望，辛苦地過著俗氣浪漫的日子，住家附近都是蟑螂，環境糟得連老鼠都已外移另謀發展。不，跟蟑螂一樣，這裡到處都是藝術家，從廉價公寓到豪華公寓頂層都有。我住的這棟樓不僅我有鋼琴和打字機，還有位歌劇演員發出的顫音宛如在高樓大廈間展翅飛翔的雲雀。附近的侍者雖然不是百分之百，但大部分都是演員；美得不得了的鄰家女孩眞會跳舞，別看她們走起路來像鴨子，舞姿可是優雅得很。

今天下午我在愛德嘉咖啡館喝了杯茶，咖啡館的名字是爲了紀念一輩子住在布魯克斯的詩人愛倫坡（Edgar Allan Poe）。我經過達科塔大廈時，仰望伯恩斯坦（西城故事音樂劇作曲家）底層住家的窗戶；約翰·藍儂在大廈拱門旁遇刺，每次經過這裡我都有點發麻。我和艾靈頓公爵經常出入的地點，距離不到一條街，這裡也有一條街道以他爲名。曼哈頓是個充滿鬼魎的城市，創作力穿梭在高樓大廈之間的峽谷中。

我第一次教授藝術家創作的地點，就在曼哈頓。和所有的藝術家一樣（如果我們仔細聆聽，其實每個人都一樣），我得到靈感。我被「召喚」來授課，而我則心不甘情不願地回應呼喚。「我自己的藝術該怎麼辦？」我毫無頭緒。我當時還沒學會要以身作則，因爲教導他人突破障礙的同時，自身的障礙也會消失。和所有藝術家一樣，有人相伴會更容易成功，和惺惺相惜的靈魂邁著惺惺相惜的腳步，大步朝向信念。我被找去開班授課時並無法想像，好好講課會使我透過自己和他人相遇。

我從一九七八年開始教藝術家如何「突破創意障礙」，以便在創意受創後「重新站起來」。我和他們分享的工具，是透過自己發揮創意時所學習到的技巧，我也儘量用輕鬆、溫和的方式來講授。

「記住，有股創意能量想要透過你來傳達自我。」「不要爲作品或自己下評論，過一陣子再思考。」「讓神透過你工作。」這是我告訴他們的話。

我的工具很簡單，學生也不多。但在接下來的十年，工具和學員數量都很穩定且大幅成長。一開始，我的學生幾乎都是遇到瓶頸或傷害的藝術家，其中有畫家、詩人、陶藝家、作家、導演、演員，和那些只是想在私生活或任何藝術中多些創意的人。我的做法一向簡單，因爲這眞的不難。創造力猶如螃蟹草，只要花一點點心思就能重現生機。我教大家用簡單的養分和關懷來餵養他們的創意精神，大家則以寫書、拍片、繪畫、拍照等很多方式來回應。因爲口耳相傳，我開的班很容易就招滿學生。

我在這段時間繼續創作自己的藝術，寫話劇、寫小說和電影、拍攝劇情片、電視和短篇故事、寫詩，甚至還有表演藝術。從這些作品中，我學得更多創意工具，並編寫更多教材。在朋友馬克．布萊恩（Mark Bryan）的敦促下，我把文章整合成教學筆記，然後變成一本書。

布萊恩和我攜手印製並整合這本簡單的書，寄給需要幫助的人。我們大概寄給一千個人，然後他們再影印寄給朋友。我們開始聽到復原的驚人故事：畫家繪畫，演員演戲，導演導片，沒有從事特定藝術的人開始從事他們早已嚮往的藝術。我們也聽到猛然突破和緩慢甦醒的故事。

塔契以出版創意和人類潛力的書籍聞名，他讀到這份作品的初稿時便決定出版。在此同時，我把書的內容分成十二週課程，在每個章節中處理特定的議題。本書是十二年教學和二十年從事多種藝術形式的精華，最初我取名爲《療癒內在藝術家》（*Healing the Artist Within*），幾經思考，最後決定命名爲《創作，是心靈療癒的旅程》（*The Artist's Way*），藉由書名來傳達創造力是心靈議題，並加以探討。我開始見證自己的奇蹟。

我經常赴外地授課，開始有人會在簽書會和公共場合給我光碟、書籍、錄影帶、信件，傳遞著這樣的想法：「我運用了你的方法做出這項作品，非常感謝你。」我最常聽到的讚美是：「你的書改變了我的生命。」默默無名和赫赫有名的藝術家都對我說過這句話，甚至我在偏遠地帶和國外也都聽過這句話。這些方法使畫家從創意受阻到贏得評審的大獎，作家從停筆到寫出榮獲艾美獎和葛萊美獎的作品。神這位偉大的造物者，爲各式各樣的創意途徑恢復力量、活力、靈感的能力，使我謙卑。有位五十幾歲的女作家面臨瓶頸，後來卻成爲得獎的劇作家；長年擔任伴奏工作者，構思並灌製了高難度的個人專輯。只要偉大造物者施展妙手，心中埋藏已久的夢想就能開花結果。我收到的感謝函其實要歸功於神，因爲我只是心靈導體，傳達重大的心靈眞相：偉大的造物者愛其他藝術家，積極幫助願意向本身創意敞開自我的人。

此書在藝術家之間流傳開來，我聽說在巴拿馬叢林、澳洲內地、黑暗之心、《紐約時報》，都有人組成團體。德魯伊協會、蘇菲行者、佛教團體，都在簡單的創意規則中找到共通點。此書在網路上組成我所謂的「社群」，像大片瓜田的藤蔓般往外延伸，在英國、德國組成新團體、在瑞士有榮格團。此書如同生命本身，開始被稱爲「運動」，也確實繼續不斷、甚至張牙舞爪地向前動。藝術家互相協助的影響愈來愈廣，藝術作品嶄露頭角，事業起飛，穩定發展，周圍有朋友相挺爲伴。我願意作見證。

有十萬人購買和使用這本書，然後是二十萬人，然後是一百萬，然後更多。醫院、監獄、大學、人類潛能中心、治療師、醫生、愛滋病患團體、受虐婦女課程，皆使用《創作，是心靈療癒的旅程》，我們不但聽說，有時還協助傳授課程。美術工作室、神學課程、音樂學校更不用提。當然，此書被當成是急救和溫和復原的形式，由手傳手、由口傳口、由心傳心、由藝術家傳藝術家地不斷流傳。此書如同奇蹟花園般持續成長、成長、成長，至今仍生生不息。我今天早上還從信箱中拿到剛出版的書和一封感謝函。

到目前爲止，《創作，是心靈療癒的旅程》有將近二十種語言的版本，到處都有人開班授課或大力推薦，從《紐約時報》到史密森尼博物館，從靈性按摩講座到茱莉亞學院的菁英音樂工作室。和戒酒無名會一樣，「藝術家之路」（編註：「藝術家之路」是原文版書名，在此保留此一書名，用來表示此書的課程）的社群經常在教堂地下室和治療中心舉辦，還有中美洲的茅草屋、外面繞著蟒蛇的澳洲棚屋。我有沒有提過，許多治療師經營協助團體？沒錯，擁有健康的創造力，人才能「療癒」。發揮創造力才能找到更偉大的自我，我們都比自己想像得偉大。

我原本希望《創作，是心靈療癒的旅程》不要收費，同時就和十二個步驟一樣，不要有人帶領，只需自我學習，透過簡單和沒有控制的方式成長，經由輕鬆做、週期性、自我檢視和平衡的發展方式擴大。「它會警戒和指引，被濫用時會自我調整。」這是我的方針。

當本書突破百萬大關時，我擔心自己從事藝術的時間和隱私必然會受到影響。但若沒有親身經驗，也就無法幫助他人。如果沒有新的體會，我又怎麼寫得出教學書籍？我一點一滴地退回到個人創作實驗室隱居起來，在平靜安詳的內心世界裡創作藝術，從創作中學習。我創作的每一份作品都教導我如何教學，我每一年都從工作中學習到創造力的永無止境。雖然一部分的成長緩慢了下來，但創造力卻沒有上限。信念才是必要元素。

我開始寫快訊、切中要點的小書，想消除眾人以爲過正常、溫和的創意生活會面臨眞正危險。我寫了《寫，就對了！》、《歡迎來到創意王國》，和其他比較普通與溫和的指引，例如《藝術家約會書》、《藝術家之路晨間隨筆日誌》、我的祈禱書，希望爲走在創意之路上的世人，創造一股安全感和幸福感。我期許大家都有人打氣、有好友爲伴。儘管藝術是條心靈之路，但有願意傾聽的人相伴朝聖才能走得好。

在這段時間，這本書被指定爲音樂劇巡迴巴士必定播放的內容，成爲影片中體面的擺設，成爲老奶奶寄出和收到的書籍，藉此表達心意，成爲成功藝術家變換創意跑道的橋樑。

至於我本身，在出版的十七本書中，一本小說、一本短篇故事選輯、三部劇本都站穩了腳步，我也小心翼翼地繼續創作和授課。我的學生得獎了，我也得獎了——《創作，是心靈療癒的旅程》被《優涅讀者》（*Utne Reader*，雙月刊，每期從二千多家小出版社中，選取最能呈現文化新趨勢的最好文章）評選爲傑出作品。我和懷特（療傷系音樂大師）合作的詩專輯，獲選爲最佳原聲帶。我的教學書籍不斷出現在全美和世界各地的排行榜和編輯首選書單中。我怎麼能不頭暈目眩呢？我如何能承受得了這種人事物的變化呢？作家出名後，生活中便會出現許多諷刺畫面，因爲我們天生喜歡獨自坐在書桌前，然而這種日子卻愈來愈難得。我自己寫的晨間隨筆是不斷指引我的珍貴源頭，我得到的訊息是要追求獨處，也要尋求其他藝術家的友誼，他們和我一樣相信偉大造物者和前輩。前輩走過自己的藝術家之路，和我們一樣熱愛相同的藝術形式。只要我們開口要求，上蒼便會隨時準備伸出援手。我們必須隨時準備開口，敞開心胸接受指引，即使在偶爾失去信念時，也要願意相信。創造力是信仰的行爲，我們必須相信信仰，樂於分享以幫助他人，同時也接受幫助作爲回饋。

從我的窗戶看出去，哈德遜河上有隻很大的鳥在翱翔。這隻鳥我已經看了好幾天，牠藉著環繞曼哈頓島的強烈氣流飛翔再飛翔。這隻鳥很大，不可能是隼，身形又不像海鷗。哈德遜谷的較高處聚滿了老鷹，我不相信牠是老鷹，但牠好像很清楚自己究竟是什麼：老鷹。牠不嚷嚷自己的名字，而是把名字穿在身上。也許身爲藝術家的我們也是這種鳥，總是被自己和別人誤以爲是其他東西，乘著夢想的氣流飛翔，在商業峽谷中獵取從高空俯瞰所看到的東西。對藝術家而言，翅膀和祈禱是例行的操作程序，我們必須信任自己的過程，眼光不要侷限於「結果」。

幾個世紀以來，藝術家都提過「靈感」，透露了神或天使對他們說過話的秘密。在我們這年代，很少聽過藝術是心靈經驗的類似觀念；然而，創意的核心經驗是神秘的。對必須做的事敞開靈魂，我們才能遇見造物者。

藝術家在曼哈頓各地的小房間裡埋頭苦幹，我們如僧侶般為工作奉獻。和僧侶一樣，有些人會看見顯靈，而其他人則只知道日夜苦幹，對於榮耀只能遠觀，跪在小教堂裡卻從來沒有東尼獎、奧斯卡金像獎、國家圖書獎送上門來，但我們每個人內心裡的小小聲音都同樣響亮。

所以我們祈禱。有些人會出名。榮耀會拜訪所有努力工作者。身為藝術家，我們都經歷過「神存在於細節之中」的事實。創造藝術，即是創造充滿藝術的生命。創造藝術，是我們和造物者之手的第一次接觸。

謹將此書獻給馬克・布萊恩（Mark Bryan）。

馬克督促我動筆，協助我打造出本書的風貌，與我共同講授課程。

沒有他就沒有這本書。

我最重要的想像力即是生命力。
——柯立芝（Samuel Taylor Coleridge，作家）

序

當人們問我從事什麼行業時，我通常會回答：「我是作家兼導演，同時也在創意工作坊授課。」

最後一項引起了他們的興趣。

他們想知道，「創意要怎麼教呢？」臉上的表情是抗拒和好奇摻半。

「我教不來，」我告訴他們，「我教大家讓自己有創意。」

「噢，你是說我們都有創意？」現在是不可置信和滿懷希望在交戰。

「是的。」

「你真的相信是這樣？」

「是的。」

「你到底是做什麼的？」

這本書就是我做的事。這十年來，我開設心靈工作坊，目的在於釋放大家的創造力。我教過藝術家和非藝術家、畫家、製片、家庭主婦、律師……，所有想透過實踐藝術讓自己活得更有創意的人，我都教過。說得更廣義些，想實踐創意生活藝術的人，我都教過。

人被要求想清楚自己該成為什麼樣子，才能實現命運。

——田立克（Paul Tillich，詩人）

我什麼也沒做，是聖靈透過我完成一切。

——布雷克（William Blake，畫家）

在運用、教授、分享我所發現、設計、領悟、接收的方法時，我目睹了障礙化解和生活轉變，而這憑藉的只是在發現和重現創意力量時，讓偉大的造物者參與的簡單過程。

「偉大的造物者？聽起來像是美國原住民拜的神祇，基督教、新時代的意味太濃厚……」愚蠢？頭腦簡單？嚇人？……我知道。把這想成是敞開心胸的練習，只要想：「好吧，偉大的造物者，隨便什麼都行，」然後繼續讀下去。讓自己實驗一下這個想法：也許有個偉大的造物者，讓你在釋放自己的創意時會得到一些好處。

這本書基本上是一條心靈小徑，以創意爲起點和發揮創意的道路，我用了「神」這個字眼，也許有些人看了會火冒三丈，想起小時候爲了瞭解「祂」，學到有關神的老舊、行不通、不愉快、根本無法置信的觀念。請打開心胸。

提醒自己，要成功學習這門課程，神的觀念可有可無。事實上，大多數人擁有的神祇的觀念反而無助於事。別讓語義變成你的另一個障礙。

當「神」在字裡行間出現時，你可以用「有秩序的良好方向」或「流暢」的想法來取代。我們談的是創意能量，「神」對大多數人而言是方便的簡稱，女神、心智、宇宙、源頭、天意……都一樣。名稱不是重點，試著運用才最重要。對很多人而言，把這想成心靈電力的形式是很管用的起點。

藉由實驗和觀察的簡單科學方法，很容易和有秩序的正向流建立起可行的連結。這些為什麼「神」一定是名詞？為什麼不能是動詞……最積極也最有活力的動詞？

——達莉（Mary Daly，神學家）

文章並不是要解釋、爭論、界定這股流暢，即使你不懂電力也能用。

除非你覺得妥當，否則不要稱之爲神。除非這個名稱能簡短地表達出體驗，否則不需要使用此名稱。不相信時就不要假裝信仰。如果你想當一輩子的無神論者、不可知論者，沒關係，你還是能運用這些原則，感受到生命的改變。

我和陶藝家、攝影師、詩人、電影編劇、舞者、小說家、演員、導演，都以藝術家對藝術家的關係合作過。還有那些只知道自己夢想的人、那些只夢想要變得更有創意的人，也都合作過。我看過遭遇創意瓶頸的畫家拾起畫筆，結巴的詩人辯才無礙，蹣跚、跛行、殘缺的作家振筆疾書，完成稿件。我不但相信，同時也知道：

不論年齡大小，不論人生道路如何，不管創作藝術是你的事業、或是嗜好、或者夢想，發揮創意永遠不嫌遲，永遠不嫌自負，永遠不嫌自私，永遠不嫌傻氣。有位五十歲的學員「一直都想當作家」，使用這些方法後，他成了得獎的劇作家。有位法官運用這些方法，完成雕刻的終生夢想。並不是每位學員上完課後都能變成全職的藝術家；事實上，許多職業是藝術家的人說，由於變得更有創意，他們成長爲全職人。

透過我本身的經驗，以及無數人和我分享的經驗，我開始相信，創意是我們眞正的本性。纖細的綠莖末端開出一朵鮮花，是正常又神奇的過程，而受阻是這個過程不自然的挫敗。我發現，和心靈接觸的過程既簡單又直接。

如果創造力受到阻礙（我相信每個人多少都經歷過），如果你願意運用書中提供的方法，便很有可能學到更自由自在地創作。就如同做哈達瑜伽能改變意識，因爲全部的你正在做伸展的動作；同樣的，做本書練習也能改變意識，因爲全部的你是在寫作和玩耍。這些事做完後，自然會有所突破，不管你信不信都會，不管你是不是稱此爲心靈覺醒。

簡言之，理論沒有實踐來得重要。你正在做的事是，在意識中開創道路，好讓創意力量運作。只要你願意清空道路，創意自然會顯現。從某方面來說，創意彷彿是血液，血液是肉身的實際狀況，並不是無中生有；創意則是心理的實際狀況，根本不用無中生有。

我的心路歷程

我在紐約開始教授創意工作坊。我會去上課，是因爲我「被叫去」上課。前一分鐘，我還在美麗的午後陽光下，走在西村的鵝卵石街道上；下一分鐘，我突然知道自己應該開始教導別人，教一群群人如何突破瓶頸。或許這是別人在走路時散發出來的願望。聚集在格林威治村那些面臨瓶頸或其他狀況的藝術家，密度居全美之冠。

「我需要突破瓶頸。」也許有人出聲說。

「我知道該怎麼做。」也許我接獲暗示而回應了。我的生命中一直出現強烈的內在指示，我稱之爲「前進指令」。

我就是突然知道，該如何讓人突破侷限。我注定要在那個時候、那個地點，運用自己學到的心得做這件事。

心得是從哪裡來的？

一九七八年一月，我不再喝酒。我從來沒想過喝酒能讓我變成作家，但我突然想到不喝酒可能讓我當不成作家。在我心裡，喝酒和寫作密不可分，嗯，就像蘇格蘭威士忌和蘇打水。對我來說，最難的一直是克服恐懼和落筆。我玩著和時間賽跑的把戲，想辦法在酒意濃得化不開和創意之窗關閉前寫作。

三十歲那年我突然清醒過來時，我在派拉蒙片廠有間辦公室，在那種創意上有了番事業。創意來來去去。創意是意志和自負的行爲，是爲他人而創意。沒錯，一陣又一陣的創意，如同割傷頸動脈所噴出的鮮血。寫作了十年，我只知道埋頭往前衝，不管遇到多少困難，不論在寫什麼，我都往牆上撲過去。如果創意和心靈扯得上關係，純粹是因爲兩者都如釘上十字架般痛苦。我跌落在散文的荊棘上，流血了。

如果能以痛苦的老方法繼續寫作，我一定現在還在寫。在不喝酒的那個禮拜，我寫了兩篇文章登在全國性的雜誌上、一部全新完成的劇情片劇本，還有我再也無法應付的酗酒問題。

我告訴自己，如果戒酒就沒有創意，那麼我不想戒。然而我認清了一項事實：喝酒會

畫筆自己做自己的事，總會做出一個人不能獨力完成的事。

——馬澤威爾（Robert Motherwell，畫家，理論家）

毀了我和創意。我必須學著在清醒的狀況下寫作，否則就完全放棄寫作。我的靈性不是來自美德，而是出於必要。我不得不尋找新的創意途徑，我的心得也就由此開始。

我學著將創意轉向我信仰的唯一神明——創意之神，詩人湯瑪斯（Dylan Thomas）稱之爲「讓綠莖長出紅花」的生命力。我學著不要礙事，讓創意力量透過我而創作。我學著攤開紙張，寫下聽到的聲音。寫作比較像是在竊聽，而不像發明核子彈。這沒什麼困難，也不會在我身上引爆。我不需要具備某種情緒，也不需要替情緒量體溫，看看有沒有靈感。我就是寫，不討價還價，好或壞？不關我的事，因爲動筆的人不是我。不再做自我意識的作者，我寫得自由自在。

回首過往，我居然能不再誇張地扮演受苦受罪的藝術家，這一點連我自己都很吃驚。差勁的想法是最難摧毀的東西，我們對藝術的想法應該算是差到極點。受苦受罪的藝術家身份可以歸咎於很多原因：酗酒，雜交，財務問題，某種程度的殘忍或自我毀滅。我們都知道，破產又瘋狂又雜交又不可靠的藝術家是什麼德性。倘若他們尚且不必如此，那麼我又有什麼藉口？

想到自己可以神智清醒又具有創意，我嚇壞了，因爲這表示自己有可能爲自己負起責任。「你是說，如果我有這些天份，應該要發揮出來？」是的。

在此時，老天爺送來另一位創意受阻的作家和我合作，也供我實驗。我開始教他我的

> 藝術家的地位謙卑，基本上他只是個管道。
>
> ——蒙德里安（Piet Mondrian，畫家）

心得（別礙事，讓「它」透過你來發揮。累積寫作的頁數，但不要批評）。他的障礙也突破了，現在我們是兩個人了。我很快又有了一名「受害者」，這次是位畫家，這些方法對視覺藝術家也很管用。

我相當激動，在比較得意的時刻，我會幻想自己變成創意繪圖師，爲自己和願意追隨的人繪製走出困惑的地圖。我從未計劃要成爲老師，只是氣自己沒有過這樣的老師。爲什麼要用這種學習方法，全靠嘗試和錯誤，全靠一直撞牆，才能學到我學會的東西？我心想，藝術家應該比較受教，可以提醒他們注意路上的捷徑和危險。

這些是午後散步時在我心中打轉的念頭。我享受哈德遜河的餘暉，計劃下一步要寫什麼。輸入前進指令：我應該要教他人。

不到一個禮拜，我從沒聽說過的紐約女性主義藝術學院提供我一份教職。在我的第一堂課裡，遭遇瓶頸的畫家、小說家、詩人、製片齊聚一堂，我開始講授現在這本書裡的課程。那節課上完後，我又上了很多節課，然後再加上更多更多的課程。

一開始，這本書只是我的夥伴布萊恩規定的上課非正式筆記。由於口耳相傳，我開始寄出一份份教材。吉安尼尼（John Giannini）是周遊各地的榮格派信徒，他不管到哪裡演講（似乎是任何地方），都會提起這些技巧，接下來總是有人索取教材。然後，創造心靈網路聽說了這份作品，愛荷華州的杜比克、加拿大卑詩省、印第安那州都有人寫信來，學

神必須成為我們意識中的活動力。

——古德史密斯（Joel S. Goldsmith，心靈作家）

員在全球各地現身，「我在瑞士的國務院，請寄給我……」我就寄了。

包裹的數量增加，學員人數也增加。最後，布萊恩非常直截了當的要求：「全部寫下來，你可以幫助很多人。它應該變成一本書。」我便開始正式整理自己的想法。我動筆，此時布萊恩已和我一起授課，同時監督我，告訴我遺漏的部分。我愈寫愈多，而布萊恩則告訴我有哪些遺漏。他提醒我說，我目睹過的奇蹟足以支持我的理論，要我把這些也包括在內，於是我把十年來付諸行動的事，付諸於文字。

最後的成品是：自助式的復原藍圖。書中的方法和口對口人工呼吸法、哈姆立克急救法一樣都能挽救生命，請加以運用並推廣。

我聽過很多次類似這樣的話：「在跟你上課以前，我和自己的創造力完全搭不上邊，多年來苦悶和失落造成了重創。慢慢地，奇蹟發生了，我回到校園拿到戲劇學位，這麼多年來我第一次參加試鏡。我以穩健的速度在寫作，最重要的是，我終於能安心的稱呼自己是藝術家。」

身爲老師，目睹學生生命中的先後變化，那種神奇的感受難以言喻。在上課期間，光是外表的轉變就很驚人，我這才了解「點化」這詞眞是傳神。學生在接觸過自己的創意能量後，臉龐往往會綻放著光芒，偉大作品內含的靈氣充斥在創意教室中。從某種角度說來，既然我們有創意，生命就成爲我們的藝術作品。

心靈電力：基本原則

大多數人都認爲，造物者不可能助長創造力。我們覺得、或至少害怕有創意的夢想太過狂妄，神不會答應我們做這種事。畢竟，我們心中的創意藝術家只是內在幼子，想法往往很幼稚。如果媽媽或爸爸對我們的創意夢想沒有信心，或表示反對，我們可能會把同樣的態度投射到被奉爲父母的神祇身上。但此觀念非除去不可。

我們現在談的是一種引導，或者是邀請來的心靈體驗，我稱這段過程爲「心靈按摩」。我們可以做幾種心靈體操和宇宙的創意能量結合。

若把宇宙想像成是帶電的汪洋大海，你在水中遨遊、在水中成形，接納創造力的改變，那麼在海中飄浮不定的你，將變成生態系統中更能發揮、更有意識、更加協調的一份子。

身爲人師，我常感應到某種超自然事物的存在，不妨稱之爲心靈電力。我總是仰仗這股力量來超越自身的極限。「心靈導師」的稱呼實在太恭維了。指引我的手，來自上蒼。基督說過：「凡有兩人以上在場，我即與你等同在。」創意之神似乎也是如此。

人神靈結合的體驗是創造力的核心，人神靈結合的核心是創造力的體驗。發表靈性談話的人向來稱呼神是造物者，卻沒發現藝術家也稱得上是造物者。我建議你依照字面解讀「造物者」三個字，和偉大的造物者共同以藝術家的身分成立創作聯盟。接受此觀念能使你的創造力大增。

在使用本書方法和進行每週作業的同時，會出現許多變化。最主要的改變是啓動了

神將《蝴蝶夫人》歌劇的音樂口述於我，我僅是將之訴諸筆墨、公諸大眾的工具。

——普契尼（Giacomo Puccini，義大利歌劇巨擘）

神直接將想法灌輸於我。

——布拉姆斯（Johannes Brahms，德國作曲家）

我們內在的創造脈動絕對是神的創造脈動，錯不了。

——皮爾斯（Joseph Chilton Pearce，兒童教育家）

人類的創造潛力即是上帝的形象。

——達莉

每片草葉上都有位天使彎身對它細語：「長吧，長吧。」

——猶太法典（The Talmud）

「心想事成」：我們改變，然後宇宙進一步擴大這個變化。我大膽地寫了一句話貼在桌上：「跳下去，安全網不請自來。」

我從身爲藝術家和講師的經驗中得知，只要依循著信念發揮創造力，宇宙就能向前推進。這有點像是打開稻田灌溉系統頂端的閘門，只要排除障礙，水流自然源源而來。

再重申一次，我不是要你信教。不信神也能產生創意。我只是請你觀察並注意過程的進展。事實上，自己的創造進展需要自己接生和親眼見證。

創造力是一種體驗——我認爲這是心靈的體驗。是創意導致靈性，或是靈性導致創意，你怎麼想都無所謂，我並不刻意地區分這兩者。面對這種體驗，信仰這件事沒有意義。榮格在晚年回答信仰的問題時，說：「我不相信；我知道。」

以下的心靈指導原則是恢復和發現創造力的基礎。每天仔細讀一遍，在心裡豎起耳朵注意態度或信念的改變。

偉大的即興藝術家都像僧侶，心中想的只有神。

——史帝芬．葛拉派里（Stéphane Grappelli，法國爵士樂大師）

我們演奏的是生命。

——路易斯．阿姆斯壯（Louis Armstrong，美國爵士樂大師）

創造力無所不在，在你眼前流過。

——柯斯騰邦（Peter Koestenbaum，企業界的哲學大師）

基本原則

1. 創意是生命的天然秩序。生命是能量，是純粹的創造能量。
2. 所有生命，包括我們自己，都存在著潛在的創造力。
3. 對自己的創造力打開心房，便是對我們本身造物者的創造力和我們的生命敞開心胸。
4. 我們本身就是創作，注定要發揮創意，使創意永流傳。
5. 創造力是神賜予的禮物，發揮創意則是給神的獻禮。
6. 拒絕創造是任性，違背了天性。
7. 打開心房探索創造力，即是向神敞開心房，是井然有序的好方向。
8. 向造物者開啟創意管道，必然會有溫和但強烈的改變出現。
9. 放心向愈來愈宏偉的創造力打開心房。
10. 我們的創意夢想和渴望來自神聖的源頭，走向夢想就是走向神性。

我靠信仰，不靠視力作畫；信仰給你視力。

——弗格森（Amos Ferguson，巴哈馬畫家）

為什麼每個人都要發揮創造力……？這是人能如此慷慨、歡愉、活潑、大膽、熱情，如此不在乎紛爭和囤積財物的唯一方式。

——優蘭（Brenda Ueland，美國自由作家）

如何運用本書恢復創造力

這本書的用法有好幾種，最重要的是，請你發揮創意，好好運用。這一節內容有點像地圖，告訴你如何走過這段路程，並對行進方式提供幾個明確的想法。有些學員獨力完成，有些則組成小組做書中的練習（書末附有小組的指導原則）。不論採取何種方式，這本書對你都很有用。

首先，你可能要瀏覽一下全書，對涵蓋的範圍有個概念（看完這本書和使用這本書不一樣）。每一章都有幾篇文章、練習、作業、每週清單。不要被附帶的工作量嚇到，其實這些大多是玩樂性質，每天花在課程上的時間只會比一小時多出一點點。

在正式授課的時候，我建議學員列出一個禮拜的時間表。例如，你若是從本週日到下週日算一個禮拜，那麼就在週日夜晚開始讀一章。讀完這一章，快速做完練習，因爲每週的習題都是關鍵，晨間隨筆和藝術之約（詳見下一章）也同樣重要。也許有某個禮拜，你沒時間完成所有的作業，請試著做一半，而當你能回頭做的時候，沒做完的作業還是會等著你。至於哪一半作業要先做，有兩項指導原則：挑你喜歡和你強烈抗拒的做；不討厭也不喜歡的留待以後做。切記，在做選擇的時候，我們往往會抗拒自己最需要的東西。

總之，每週要承諾撥出七到十個小時左右，也就是每天至少一小時，但如果你願意也可以多一點。在十二週的課程中，適度承諾地運用工具會有驚人效果。同樣的工具用久了，會改變一生的軌跡。

請記住，這本書是螺旋狀的路徑，你會一再繞著某些議題打轉，每次的層次都不一樣。藝術生命沒有結束的時候，路途上的每個層次都有挫折和收穫。我們的目標是：找到路，站穩腳步，往上爬。眼前的創意視野很快便會勾起你的興奮之情。

藝術不是為了變成稀有的智力精華——是生命，強烈、精彩的生命。
——亞里斯－米珣（Alain Arias-Misson，作家）

期許

很多人都希望自己能更有創意，很多人覺得自己雖然創意多多，但卻無法有效實現創造力。夢想捉摸不定，生命有些乏味，往往有很棒的點子、很美的夢想，自己卻無法實現。有時候很想滿足某種創意渴望，譬如學彈鋼琴、學畫畫、上表演課、上寫作班；有時候目標並不怎麼明確。我們渴求的創意生活，是在工作時，在和子女、配偶、朋友分享時，能有更多一些創造力的感受。

創造力不是說來就來，必須付出痛苦的代價，但恢復（或發現）創造力是教得來且有跡可尋的靈性步驟。每個人都是既複雜又極度不同的個體，但恢復創造力的步驟有幾項可供辨識的共同特點。

在此過程中，前幾個禮拜必然會有某種程度的反抗和嬉鬧心態，在入門階段過後，緊和我們的內在比較起來，過去和未來都微不足道。
——愛默森（Ralph Waldo Emerson，詩人）

接著便會在課程中段大發雷霆。憤怒之後是悲傷，緊接著是時而排斥、時而希望。這段起伏不定的成長時期，是一連串的擴張和收縮，也是學員經歷狂喜和防禦懷疑的生育過程。

坎坷的成長期過後，會等不及要放棄這段過程，重回熟悉的生活。換句話說，現在到了討價還價的階段，大家往往會在這節骨眼上放棄，我稱此爲創意逆轉。再次投入這個過程，會導致自尊如自由落體般下墜。緊接著是課程的最後階段：全新的自我感受，有更強的自主性、適應力、未來期許和興奮之情，以及執行具體創意計劃的能力。

情緒似乎會大起大落，事實也正是如此。在恢復創造力的時期，你會從熟悉的生活中出離。出離也可說成是不執著或不依附，是各種冥想的一貫特色。

套用電影的術語，我們慢慢「拉開鏡頭」，遠離昔日的生活往上移，直到看見全景爲止。全景使我們有能力做出有創意的好抉擇。把這趟旅程視爲困難重重、變化多端、引人入勝的地域，向高處前進。你必須了解，出離是一種正向的過程，既痛苦又令人振奮。

我們總是把本身的創意能量，揮霍在他人的生活、希望、夢想和計劃上。和別人的生活比起來，自己反而過得黯淡和不順利。我們在出離的過程中鞏固自身的核心價值，以致更能說清楚自己的界限、夢想和眞正的目標。自己能屈能伸就不會受他人心血來潮的擺佈，我們由此感受到更強烈的自主性和可能性。

提到出離，通常會想到某個物質離我們愈來愈遠。當我們在戒酒、戒藥、戒糖、戒脂肪、戒咖啡因、戒尼古丁時，會有股退縮的痛苦。換種眼光看待創意出離，才會有幫助。出離是迎向自我，而非遠離自我。我們把過度延伸和用錯地方的創意能量，退回到自身的核心。

我們開始挖掘被深埋的夢想，這件事可麻煩了。有些夢想很有爆發力，光是把表面上沉積的砂去掉，就會在否認機制上爆發出極大能量。好悲哀！好傷心！好痛苦！就在復原過程的這個節骨眼上，我們如詩人布萊（Robert Bly）所言：「浴火重生」。我們哀悼自己的自暴自棄，迎接新的自我如同迎向因征戰而久違的愛人。

爲了確實恢復創造力，我們必須經歷悼念的階段。當要結束這個慣常以來所維持「好」的自己時，必然會感受到相當程度的哀慟。眼淚是孕育未來成長的土壤，沒有創意的滋潤，我們會一直乏善可陳。我們必須遭受這股痛苦的打擊，記住，這是有助益的痛苦，閃電將帶來光亮。

你怎麼知道自己的創造力無從發揮？嫉妒是最好的線索。你痛恨那些藝術家嗎？你是不是告訴自己：「只要……我也做得到。」你是不是告訴自己，要是能認眞看待自己的創造潛力就好了，你可以：

- 不要再對自己說：「來不及了。」

• 不要等到賺夠錢才做自己眞正熱愛的事。
• 當渴望生活過得更有創意時，不要對自己說：「這只是自尊心在作祟。」
• 不要對自己說，夢想沒什麼大不了，那只是做夢，人要講道理。
• 不要怕家人和朋友會覺得你瘋了。
• 不要對自己說創造力是種奢望，對現況要感恩。

當你學著找到、愛惜、保護內在藝術家時，就能夠超越痛苦和創意束縛。你將學會辨識和去除恐懼的方法，學會除去情緒傷疤，學會增強自信心。我們將探討並拋棄有關創造力的腐舊觀念。本書會引領你密集地接觸自身的創造力——你私底下的反派、勇士、願望、恐懼、夢想、希望、勝利，這些體會使你興奮、沮喪、憤怒、害怕、歡喜、期待，最後變得更加自由自在。

基本工具

有兩項恢復創造力的重要工具：晨間隨筆和藝術之約。持續使用這兩者才能讓創造力甦醒，我想立刻介紹，最後再回答各位的問題。本章會仔細且深入地解釋這兩項工具，請認眞閱讀，並立即使用。

晨間隨筆

你必須先找到創造力，才能恢復創造力。我稱之爲晨間隨筆的步驟看似毫無意義，卻能幫助你達到目的。在課程進行的這幾個禮拜，你要每天寫。我希望你能一直寫下去，我到現在已經寫了十年；有些學員寫的時間和我差不多長，有些學員則覺得停筆就等於停止呼吸。

琴妮是作家兼製作人，她認爲最近寫好的劇本和規劃好的電視特別節目，都要歸功於晨間隨筆。「我現在有些迷信，」她說：「我在剪輯特別節目的時候，每天清晨五點起床，寫完晨間隨筆才去上班。」

什麼是晨間隨筆？簡單的說，晨間隨筆就是三頁手稿，是完完全全的意識流。「哦，天哪，又是早上，我沒有東西好寫，我需要洗窗簾。昨天去乾洗店拿衣服了嗎？……」講得難聽點，這就是腦海汙水管，而這正是它的一項重要功能。

文字是行動的一種形式，足以造成重大變革。

——班姬（Ingrid Bengis，作家）

讓生活中的大小事成為切身之事，你的人生才是你的。

——雪佛（Anne-Wilson Schaef，作家）

晨間隨筆愛怎麼寫就怎麼寫

這種晨間隨筆不是藝術品，也算不上是寫作。對於使用這本書但不想成爲作家的讀者，我要特別強調這一點。寫作只不過是種工具，隨筆就是在紙上隨手記下腦子裡隨時想到的東西，不論事情多小、多傻、太多、多怪，都值得記下來。

晨間隨筆不是用來耍聰明的，但偶爾會有聰明之作，不過大多數通常沒什麼看頭，除了你，不會有其他人知道。除了你，沒有人可以看你的晨間隨筆；甚至剛開始的八個禮拜，連你自己都不該看。只管寫下三張紙塞進紙袋，或在活頁筆記本上寫個三頁，不要翻回去，就是寫三張紙……第二天再寫三頁。

> 一九九一年九月三十號……朵米妮要交生物作業，週末我和她去里歐格蘭地和波特溪捉蟲，我們捉到水中的爬蟲和蝴蝶。我自己做了個深紅色的捕蝶網，很好用，只可惜捕不到蜻蜓。我們在家裡附近的泥巴路上看到狼蛛在漫步，我們沒有捉牠，只是看了很開心。

晨間隨筆偶爾會多彩多姿，但往往是負面的，經常是東拉西扯、自怨自艾、了無新意、誇張或幼稚、憤怒或乏味，甚至看起來傻氣。很好！

靜不下來的心智，等於沒有心智。

——羅斯凱（Theodore Roethke，詩人）

生命中的事件依時間順序發生，但對於我們本身的意義而言，它們有自己的順序……是一連串不斷的揭示。

——韋爾蒂（Eudora Welty，作家）

一九九一年十月二號……我起床了，頭痛，吃了顆阿斯匹靈，覺得好些，但還是站不太穩，大概眞的感冒了。我的東西都快整理完了，還是沒找到羅拉送的茶壺，我好想她。好傷心……

晨間隨筆裡的怒氣、牢騷、瑣事，就是橫梗在你和創造力之間的障礙。擔心工作、擔心衣服沒洗、擔心車子的怪聲、擔心情人奇怪的眼神，這些事在我們的潛意識中打轉，使我們過得渾渾噩噩。把這些寫下來。

晨間隨筆是恢復創造力的頭號工具

我們和靈感受挫的藝術家一樣，批評自己時毫不留情。即使我們在外人眼中已是很好的藝術家，但我們永遠覺得自己做得不夠多、不夠好。我們受到本身內在完美主義者的迫害，這名常駐在（左）腦裡的烏鴉嘴是個可惡的內在批評家，不斷假眞話之名而發出惡劣的評語。烏鴉嘴說的好話有：「這東西也能叫寫作？笑話！你連標點符號都不會用。到現在還闖不出一番成績，你沒指望了。你連字都不會寫，憑什麼認爲自己有創意？」沒完沒了。

訂個規矩：切記，烏鴉嘴的負面意見未必是事實。多練習，每天早上一起床就開始寫，你將學會迴避判官。晨間隨筆沒有好壞可言，所以烏鴉嘴的意見不重要。就讓烏鴉嘴一直碎碎念下去（一定會），你的手只管在紙上移動。如果想記下烏鴉嘴的想法，儘量寫。注意看烏鴉嘴多愛對準你的創意罩門。不要搞錯：判官要對付的人是你。這個敵人很狡滑，你愈聰明，它也跟著變聰明。你寫了個好劇本？烏鴉嘴會告訴你，你的能耐不過如此。你畫出了第一幅素描？判官說：「這又不是畢卡索的作品。」

把烏鴉嘴想像成是卡通裡的毒蛇，在你的創意伊甸園裡爬來爬去，嘶嘶地發出惡毒的話語使你卸下心防。如果你不喜歡毒蛇，也可以替你的烏鴉嘴找個好的卡通形象，例如大白鯊裡的鯊魚，畫上個大叉叉，貼在你寫作的地方或是筆記本封面內頁。把烏鴉嘴變成討厭又聰明的小角色，準備對你和你的創造力使展力量。

許多學員會貼上父母醜陋的照片當做烏鴉嘴，因爲他們心中的烏鴉嘴是父母扎下的根。重要的是，不要把烏鴉嘴的話當成理性的聲音，而要聽出其中的破壞力。晨間隨筆會幫助你做到這點。

晨間隨筆不能討價還價

絕對不能一天不寫或者敷衍了事。不要管心情好不好，也不管烏鴉嘴的話有多難聽。我們以爲心情好才能寫作，沒這回事。

晨間隨筆讓你學到，心情好壞不重要。有些日子你覺得自己的作品全是垃圾，然而最好的創意作品反而在這種時候出現。晨間隨筆要教你：不要批判，寫就是了。你累了，心情惡劣，精神不集中，背負著壓力，有什麼大不了！內心的藝術家是名幼兒，需要食物。晨間隨筆會餵養你的小小藝術家，所以寫下你的晨間隨筆吧！

寫下三頁腦海裡想得到的任何東西，就這麼簡單。如果想不到東西好寫，就寫：「我想不到東西好寫……」就這樣寫滿三頁。不管寫什麼，就是寫滿三頁爲止。

有人會問：「爲什麼要寫晨間隨筆？」我開玩笑說：「爲了要翻開新的一頁。」大家以爲這是在說笑，但我絕不是開玩笑，晨間隨筆確實會讓我們翻開新的一頁：翻過恐懼、否定、情緒到另一頁。最重要的是，我們要擺脫判官，擺脫烏鴉嘴的嘮叨，才能找到自己安靜的中心點，在此聽見造物者和本身造物者沉靜又細微的聲音。

在這裡必須談一下理性腦和藝術腦。理性腦是負責抉擇的左半邊，直截了當，以俐落的線型方式來思考。理性腦通常會根據已知類別來看世界。馬是某些動物部分的總和所創造出來的「馬」；秋天的森林是一大串顏色加起來而成爲「秋天的森林」。左腦看到秋天的森林，注意到的是紅色、橙色、黃色、綠色、金色。

理性腦是生存腦，依照已知的原則而運作，不知道的東西都視爲錯誤、有潛在危險。理性腦喜歡物品像排列整齊的小士兵般依直線前進。我們習慣聽理性腦的話，尤其是在告詩往往從不相干的窗戶進來。

——李查茲（M.C. Richards，陶藝家兼詩人）

訴自己要理性的時候。

理性腦是我們的判官，我們的第二（第三和第四）個念頭。看到新奇的句子、片語、曲線，理性腦會說：「這是什麼鬼東西？有毛病！」

藝術腦是我們的發明家、赤子、糊塗教授。藝術腦會說：「嘿！帥呆了！」藝術腦會把奇怪的東西湊起來（船等於波浪加行人），把超速的法拉利叫做野獸：「嗥叫的黑狼開進得來速車道……」

藝術腦是創造、全然的腦，以模式和細微差異在思考。看到秋天的森林，右腦想到的是：哇！葉片的饗宴！漂亮！金色—鍍金—閃亮—地球肌膚—國王的地毯！藝術腦會連想、無拘無束，能做新的連結，把影像套在一起激發出意義，如同船在古斯堪地那維亞神話中被稱爲「波浪馬」。星際大戰中的「天行者」（Skywalker），就是藝術腦靈光一現的傑作。

爲什麼要談理性腦和藝術腦？因爲晨間隨筆要叫理性腦閃邊站，讓藝術腦出來玩耍。

烏鴉嘴是生存腦殘留的一部分，這部分會決定離開森林到草地去安不安全。烏鴉嘴掃描創意草地，找尋危險動物。因爲在判官眼裡，沒見過的想法都很危險。

烏鴉嘴只喜歡看過很多遍的句子、畫作、雕刻、照片；安全的句子、安全的畫作；不要有冒失的話、潦草字跡、隨手記下的事。聽烏鴉嘴的話，它會告訴你有創意的東西都是

靈感可能是超意識，也許是潛意識的形式——我無從知曉。但我確信是自我意識的對照。

——柯普蘭（Aaron Copland，古典音樂家）

錯誤、危險、敗壞。

一踮起腳走進曠野，就有人（烏鴉嘴）取笑你。但誰不會遭遇障礙？晨間隨筆教你不再聆聽那訕笑聲，讓你脫離唱反調的判官。

把晨間隨筆當成冥想，可能會有幫助。也許這不是你習慣的冥想方式，或者你根本沒冥想的習慣。隨筆或許看起來不夠靈性，甚至不像沉思，實際上更像負面和俗氣的東西，但這是有效的冥想形式，帶給我們洞察力，幫助我們改變生命。

先看看冥想有什麼好處。冥想有很多種說法。科學家認為冥想是左右腦和轉換技巧，從理性腦轉移到藝術腦，從快到慢，從淺到深。為企業做健診的管理顧問，把冥想視為解決壓力的技巧；追求靈性的人將此過程視為是走向神的路徑；藝術家和創意專家贊許這能引領出更有創見的洞察力。

以上的觀念都正確，到他們所能企及的層次都對，但不夠深入。是的，左右腦會轉換、壓力會減輕、會和創造源頭有內在接觸、會有大量的創見。是的，隨便舉一個理由都值得做這件事。然而，即使綜合種種理由，充其量也只是一種心智建構，重點在於經驗的全然、確實和力量。

冥想是為了發現自己真正的身分，在宇宙運行中的正確位置。透過冥想，我們和內在的力量根源有了連結，也終於承認這項連結；內在力量能轉化我們的外在世界。換句話總是回到同樣的基本面：
不管多困難，夠深入就會
到達真相的基岩。
——莎彤（May Sarton，
詩人、小說家）

說，冥想不僅帶來智慧的光，也帶來全面改變的力量。

洞見和其本身是一種智識上的撫慰。力量和力量本身是股盲目的力道，容易聚集，也容易毀滅。只有當有意識地學習連結力與光時，我們才能感受到自己身爲創意生物的眞正身分，而晨間隨筆讓我們鑄造出這個環節，提供心靈無線火腿族的設備，與內在造物者相聯繫。由此看來，晨間隨筆可算是一種靈修。

如果寫著寫著還觸及不到意外的內在力量，晨間隨筆便不可能一直寫下去。我寫了很多年才領悟到，隨筆是通往強烈、清晰自我感受的道路，我們循著這條路走進內心，在此和自己的創造力、造物者相遇。

晨間隨筆描繪出內心的地圖。沒有地圖，夢想只是不詳地域，這是我的親身體驗。大幅度的改變需要內省的光芒和力量。要一天又一天、一個月又一個月地抱怨，而不採取建設性的行動，是很困難的事。隨筆帶我們走出絕望，走向出乎夢想之外的解答。

我第一次寫晨間隨筆時，是住在新墨西哥州的陶斯鎭，我去那兒整理思緒。至於要整理出什麼，我也不知道。由於電影公司的人事紛爭，我的電影已經連續第三次無疾而終，這種慘事對編劇是家常便飯，但我卻覺得像是胎死腹中，而且次數多到造成劇烈的傷害。我想放棄電影，電影傷透了我的心，我不想再讓自己的心血結晶夭折。於是我去新墨西哥州撫平心情，看看自己還想做些什麼事。

能力和肌肉一樣靠運用來強化，要聽到內在智慧也是如此。

——蓋斯（Robbie Gass，作家）

我住的小磚屋北面向著陶斯山，我開始寫起晨間隨筆。沒有人叫我這麼做，我也沒聽說有人這麼做過。只是我的內心一直覺得應該要寫，所以就寫了。我坐在北望陶斯山的木桌旁，動筆了。

晨間隨筆成了我的消遣，勝過望著山發呆。山脈是隆起的奇景，隨著天候變幻，山所提出的疑問，多過了我的疑問。今天雲霧繚繞，明天則又陰又濕；山主導了我的視野，也主導了我的晨間隨筆。山，或者所有事情，意義何在？我一頁又一頁的問，一天早晨又一天早晨的問。沒有答案。

然後，在一個濕漉漉的早晨，一個名叫強尼的角色漫步走入我的隨筆，在沒有計劃的情況下，我寫了一本小說。晨間隨筆爲我指示了一條路。

忠實記錄晨間隨筆的人，都會連結上內在智慧的源頭。每當我遇到困境或難題，又不知該如何應付時，就去寫隨筆來找尋指引。我以「小茱」代表自己，接著提出我的問題。

小茱：要怎麼對他們說內在智慧的事？（我聆聽答案，然後記下來。）

答案：你應該告訴他們，每個人都能直接和神對話，不需要總機轉接。要他們試著用這個技巧來解決自己的問題，他們會照辦的。

有時候，答案會像以上一樣，似乎太草率或太簡單。我現在已經相信「似乎」是個關

獲知生命的真實狀況，就必須把力量放到生命和活著的理由上。

——西蒙波娃（Simone De Beauvoir，法國存在主義作家）

鍵字。當我依照得到的忠告去做時，往往都是恰到好處，而且比複雜的忠告好太多了。我在此鄭重聲明：隨筆是我的冥想方式，我寫隨筆是因爲這方法有效。

最後向各位保證：晨間隨筆對畫家、雕刻家、詩人、演員、律師、家庭主婦，凡是想嘗試創意的人都有用。不要以爲這項工具只適合作家，胡說！隨筆不是專爲作家所設計。寫過隨筆的律師發誓說他們在法庭上變得更厲害；舞者也聲稱不只情緒問題，連平衡技巧都改善了。若眞要挑毛病的話，有些作家不放手去寫，卻心不甘情不願，這種人最難看得出這項工具的影響。但是他們可能會看到自己其他方面的文筆似乎變得更自在、更廣泛、更容易。簡言之，不論你是否保留或從事任何行業，晨間隨筆在你身上都會發揮功效。

提姆是個一絲不苟又不苟言笑的小氣百萬富翁，他開始寫晨間隨筆時，是抱著懷疑又不屑的態度，除非能證明寫了有效果，否則他不肯動筆。莫名其妙的隨筆名不見經傳，也沒列入鄧白氏（美商財務徵信公司）的排名，聽起來又很傻氣，而提姆最厭惡傻里傻氣。用打趣的說法，提姆是認眞的玩家。他的撲克臉不是老千掩飾情緒的臉，而是拉得長長地像支火鉗。提姆在業界會議室裡修煉多年，所向無敵的外表猶如紅木一樣黝黑、光亮、高貴、平靜，沒有任何情緒的痕跡。光看他就足以了解何謂男子氣概。

「哦，好吧……」提姆付了一大筆錢後才聽到要寫隨筆，只能同意。三個禮拜不到，古板商人提姆便大力提倡晨間隨筆，隨筆的成效令他折服。他開始天天享受到些許創作的

繪畫只是一種寫日記的方法。

——畢卡索（Pablo Picasso，畫家、雕塑家）

即使是畫家，經驗也不會完全來自視覺。

——美格士（Walter Meigs，畫家）

樂趣。他在某個禮拜提到：「有把舊吉他放了好久，我去買了吉他絃。」然後，「我重新接上音響，買了幾張很棒的義大利唱片。」雖然他自己也不太願意承認，但他的寫作障礙化解了。他黎明即起，一邊聽葛利果聖歌，一邊暢快的書寫。

並不是每個人都抱著滿懷敵意開始寫晨間隨筆。長腿姐姐菲麗，是進出賽馬盛事的名媛，多年來用美貌掩蓋才華，躲在男人身後過生活。她嘗試寫晨間隨筆時，表面上很積極，心中卻認定這對她不會有作用；十年來，她寫過的東西只有來往信件和採買清單。在寫晨間隨筆一個月後，菲麗不知怎麼地寫出了第一首詩。在寫晨間隨筆的三年內，她寫了詩、演講稿、廣播節目、一本非小說書籍。

安東雖不滿意卻也老實地寫隨筆，並成功突破了演員的障礙。多才多藝的羅拉在作家、畫家、音樂家的生涯上遇到障礙，她發現晨間隨筆使她重拾鋼琴、打字機和畫具。

你參加這個課程或許是爲了突破某種障礙，但說不定，這項工具還能開發出你忽略已久或視而不見的創意領域。英格柏當初寫隨筆，是爲了突破寫作上的創作障礙，結果她在擔任德國頂尖樂評家二十年之後，首度開始作曲。她樂壞了，開心地打了好幾通越洋電話和我分享這個好消息。

最排斥寫晨間隨筆的學員，往往會變成最愛寫的人。其實厭惡晨間隨筆是個好兆頭，喜歡寫也是個好兆頭，在不想寫的時候也要繼續寫下去。第三種態度是無所謂，而這其實自己的內在小孩才是最厲害的繆思。

——納姆若維奇（Stephen Nachmanovitch，音樂家、作家、電腦藝術家）

笑到最高點，宇宙轉為萬紫千紅的新面貌。

——休斯頓（Jean Houston，人才培訓專家）

只是掩飾無聊的防禦策略。

無聊只不過是「這有什麼用？」的僞裝。「這有什麼用？」是害怕，害怕表示你私底下很絕望。把害怕寫下來，把一切寫下來，寫上個三頁。

藝術之約

你可能覺得本書的另一項基本工具不像工具，反而像是消遣。你可能很清楚晨間隨筆的作用，卻對「藝術之約」非常不以爲然。我向你保證，藝術之約也很管用。

把這兩項工具合併使用，就如同收音機的接收器和發射器，是兩階段式的雙向步驟：輸出，輸入。寫晨間隨筆是發送，是對自我和宇宙宣示夢想、不滿和希望；赴藝術之約則是接收，是向領悟、靈感、導引敞開自我。

藝術之約究竟是怎麼回事？藝術之約是特別撥出一段時間，也許是每週兩小時，用來滋養創造意識和內在的藝術家。藝術之約的基本形式是出遊，預先安排好輕鬆赴約，不受任何干擾。藝術之約只限自己和內在的藝術家、也就是你的創意小孩參加；換句話說，情人、朋友、配偶、子女，誰都不准當跟屁蟲。

如果你覺得這個想法很蠢，或總是排不出時間，這種反應就是抗拒。排不出時間赴藝術之約的代價太大了。

創造新事物不是靠聰明才智，靠的是依照內在需求的玩耍本能。創造的心和喜愛的事物玩耍。

——榮格

（C. G. Jung，心理學家）

「你們有好好花時間陪伴彼此嗎？」諮商師常常這樣問婚姻出狀況的夫妻。問題兒童的父母所聽到的問題也是一樣。

「嗯……你說『好好花時間』是什麼意思？」回答通常是含糊其辭。「我們在一起的時間很多。」

「對……可是有花心思嗎？你們在一起的時候開不開心？」治療師可能會追問。

「開心？」（關係搞得這麼差，誰開心得起來？）

「你們約會嗎？純粹聊聊天？只聽對方講話？」

「約會？……可是我們都結婚了，太忙，也太窮，太……」

「太害怕。」諮商師可能會打岔。（喂，不要粉飾太平。）

和子女或情人好好花時間相處是很嚇人的事，內在藝術家就像是我們的子女，也像情人。每週一次的藝術之約，壓力驚人，但成效也很驚人。

約會？和我的內在藝術家？

是的，你的藝術家要帶出門去寵愛一下，仔細聽他（她）說話。想賴皮，藉口多到一輩子都用不完，最常用的是「我沒錢」。誰說約會要花很多錢？

你的藝術家是個孩子，花時間和父母相處比花的錢重要。逛逛二手店、獨自前往海濱、自己去看部老電影、去水族館或畫廊走走，這些事花時間卻不用花錢。記住，時間才是神聖無比的奉獻。

打個比喻，想想雙親離異的兒童，只有週末才能見到心愛的父母（平日大部分時間，內在藝術家的監護權都屬於嚴厲的上班成年人），孩子要的是關心，而不是花大錢出遊。孩子不想和父母的新歡分享寶貴的時間。

唯有和小小藝術家獨處，才能滋養自我。在鄉間漫步走長路，獨自遠征海濱去看日出或日落，突然到沒去過的教堂聽聖樂，逛逛有異國風味的地區，品味不一樣的景色和聲音……，你的藝術家可能每樣都喜歡，或許打保齡球也很有意思。

答應自己每週赴一次藝術家之約，你煞風景的那一面又要冒出來了。注意這段珍貴的時光很容易受到侵犯，留意這段珍貴的時光突然多了個第三者，小心防範這些侵略行爲。

最重要的是，傾聽小小藝術家對共同出遊的看法和感想。例如，若你只去文藝氣息濃厚的成人場所，你的藝術家可能會說：「哦，我討厭嚴肅的玩意兒。」

注意聽！它是在對你說，你的藝術需要注入輕鬆自在的氣息，少許樂趣能讓工作像是玩耍。我們忘記了與想像遊戲是所有好作品的關鍵，而增強我們的能力，做出創意好作品，正是本書的重點。

你有可能發現自己迴避著藝術之約，把這種排斥視爲害怕親密，也就是和自我親密。在關係交惡的時候，我們習慣迴避另一半，不想聽他們的想法，因爲聽了會傷心，所以我們躲著他們，知道另一半抓到機會就會說出我們不想聽的話。也許他們要的是我們不知道也給不出的答案；很可能，我們也對他們做出同樣的事，然後彼此驚訝地互望：「可是我從來不知道你有這種感覺！」

自我揭露雖然可怕，卻能建立起眞正的關係——雙方都能自在地、隨己所願地做自己。這種可能性值得冒自我揭露的風險，才能從眞正的親密關係中獲益良多。爲了和創造力產生眞正的關係，我們必須花時間和精神培養關係。創造力會利用這段時間和我們面對面、說心事、博感情、做規劃。

晨間隨筆告訴我們自己的想法和需求，找出問題的癥結和所擔心的事。我們埋怨、提出、辨識、區隔、煩惱，這是第一步，和祈禱相似；藝術之約的釋放過程是第二步，我們開始聽到解答。這兩者的重要性不相上下，我們開始累積創意以待日後汲取，以便充實自我的技藝。

灌注活水，塡滿水塘

藝術是運用影像的系統，我們汲取內心的井水才有辦法創作。內心的井是座藝術蓄水池，而且最好是像種類齊全的鱒魚池，大魚、小魚、胖魚、瘦魚等種種可供烹調的大量藝術魚。身爲藝術家的我們必須了解，一定要保持良好的藝術生態；如果維護不力，水井就

每個孩子都是藝術家，問題在於，如何在長大後還是個藝術家。

——畢卡索

密集的智力活動結束後，直覺心似乎接管了放鬆時刻，突然產生明辨事物的洞察力，帶來無比的歡欣喜悅。

——凱普拉（Fritjof Capra，物理學家）

年輕的自我和最難纏的三歲小孩一樣倔強固執，文字對它起不了作用；和土生土長的密蘇里人一樣，它想要被「秀」。想引起它的興趣，必須用美麗的圖片和愉悅的感官誘導——帶著它外出用餐、帶著它去跳舞。唯有如此才能觸及深處的本我。

——史達霍
（Starhawk，神學家）

會乾枯、發臭、淤塞。

長時間或大篇幅的作品要大量汲取藝術的泉源，井水取得過量，就彷彿在池裡釣魚釣得過量，資源逐漸減少。想釣的意象釣不到，作品枯竭，而我們還想不通爲什麼，「一切都這麼順利」。其實，正是因爲一切順利，作品才會枯竭。

身爲藝術家的我們必須學會自我滋養，必須提高警覺，在汲取創意資源時，刻意補充存貨。這麼說吧，就是在池塘裡重新放養鱒魚。我稱這個過程爲「灌注井水」。

灌注井水要主動追求意象以活化藝術蓄水池。專注才能孕育藝術，細節則負責接生。痛苦似乎是藝術的根源，也許是痛苦讓我們專注於細節（例如，分手愛人的頸部曲線美得令人難以抗拒）。藝術似乎想要放手一搏、氣勢磅礡、高瞻遠矚，但我們能掌握的是對細節的專注，是單一意象使我們難忘，成爲藝術。即使處於痛苦之中，那個影像仍然帶來愉悅。若有藝術家說才不是這麼回事，那是在騙人。

爲了發揮藝術語言的功能，我們必須學著靈活運用。藝術語言是影像、符號，即使是追求文字的藝術，也仍是無字的語言。藝術家語言是感性的語言、感受經歷的語言。從事藝術時，我們在經驗之井中舀取意象；要這麼做，就要學著放回影像。水井要如何灌注？

我們餵食意象。藝術家的頭腦追尋藝術。藝術家的頭腦是影像腦，是最佳創造動力的故鄉和天堂。只靠文字無法有效觸及或激發藝術家頭腦，亦即感官腦。視覺和聲音、氣息

沒有人看得到一朵花，真的，花這麼小，要花點時間才看得到。我們沒有時間。看花要花時間，交朋友也要花時間。

——歐姬芙（Georgia O'Keeffe，畫家）

你看吧，想像力要培養情緒——長時間、無所事事、開心地遊手好閒、打混、閒晃。

——優蘭

和口味、觸感，這些是魔法的元素，而魔法是藝術的基本要素。

灌注井水時，心裡想著魔法、想著喜悅、想著樂趣，不要想責任。不要做認爲應該做的事，例如閱讀乏味但廣受好評的重要文章，就像做心靈的仰臥起坐。要做能令人著迷的事，探索感興趣的事物；想著不可解的謎團，不要想著當達人。

謎團吸引我們、引導我們、誘惑我們（責任使我們麻木、使我們想逃、使我們反感）。在灌注井水時，跟著神秘的感覺走，而不要追隨著鑽研學問的感覺。神秘未必要複雜，如果不走平常走慣了的道路，我會看到什麼？改走不熟悉的道路，使我們來到當下，重新專注於看得見的視覺世界，而視力將帶來洞察力。

神秘還可以變得更簡單：點燃這炷香，我會有什麼感覺？氣味經常被忽略，但卻是通往強烈聯想和療癒的途徑。不管什麼時節，耶誕節的氣味，或剛出爐麵包或家常湯的氣味，都能滋養內心飢餓的藝術家。

有些聲音能安撫人，有些聲音會刺激人，偉大的音樂作品聽個十分鐘就等於是在冥想。赤足隨著鼓聲跳上五分鐘，便足以讓內在藝術家感覺煥然一新。

灌注井水未必要做沒做過的新鮮事。烹飪也能注入活水，切菜削皮的時候同樣在用腦。切記，藝術腦追尋藝術。節奏能觸及藝術腦，是透過節奏，而不是透過理性。紅蘿蔔去皮、削蘋果，這些動作是貨眞價實的精神食糧。

人世間的真正奧秘是看得見，而不是看不見的部分。

——王爾德（Oscar Wilde，作家、詩人、劇作家）

任何規律、重複的動作都能注入活水，勃朗蒂姐妹和可憐的珍．奧斯汀，作家都聽說過她們的悲慘故事，她們不得不把作品藏在針線活底下。拿起針線縫縫補補試試看，你的看法會完全改觀。刺繡是規律又重複的工作，能安撫又能刺激內在藝術家，在刺繡的同時編織出完整的情節。藝術家眞的是要怎麼收穫，就要怎麼縫。

「爲什麼最好的點子都是在洗澡時想出來的？」據說苦惱的愛因斯坦曾經這麼說。腦部研究顯示，淋浴屬於藝術腦的活動。

淋浴、游泳、刷洗、刮鬍子、開車，全是規律又重複的動作，都可能把理性腦轉換成更有創意的藝術腦。棘手的創意問題，可能會在洗碗時、在高速公路換車道時，突然冒出答案。

看看哪種方式對你最有用，放手去做。許多藝術家發現，在車上隨身放個筆記本或錄音機很方便。史蒂芬．史匹柏說他最好的點子都是在高速公路上開車時想到的。這話有道理，他穿梭在車流中，卻浸淫於川流不息的影像。影像觸動藝術腦，影像注入活水。

專注是注入活水的關鍵。我們必須面對人生經歷，而非刻意忽視。許多人強迫自己閱讀以排除對外界的感知。在一輛擁擠（卻有趣）的火車上看報紙，而無視於周遭的景象和聲響，但這可都是提供活水的影像。

契約書

我＿＿＿＿了解目前爲了開發本身的創造力，而從事導引式的密集訓練。我承諾會上十二週的課程，我＿＿＿＿承諾每週閱讀，每天寫晨間隨筆，每週赴一次藝術之約，完成每週指定作業。

此外，我＿＿＿＿了解本課程將會討論需要處理的問題及情緒，我＿＿＿＿承諾在課程進行期間，以最佳的方式照顧自己，諸如睡眠充足、飲食得當、充分運動、縱容寵愛。

＿＿＿＿（簽名）

＿＿＿＿（日期）

> 內心深處有位你不認識的藝術家……如果你認識，如果在宇宙形成之前就認識，趕快承認。
>
> ——魯米（Jalal ud-Din Rumi，詩人）

「藝術家障礙」是名副其實的說法，必須先承認障礙的存在才能解決，注入活水便是不二法門。

藝術是讓想像力在時間的原野上玩耍。放手去玩吧！

創造力約定

我在講授課程時，會要求學員和自己做個約定，全心投入作業。你能送自己這份禮物嗎？用某種小小的舉動保證——買本好的筆記本寫晨間隨筆，爲每週的藝術之約事先請好保姆。閱讀上頁的約定，你可以隨意修改，然後簽名並寫下日期。需要鼓勵自己持續不綴的時候，回過頭來看一看。

Week 1

先接受做差勁的創作家

這一週開始要恢復你的創造力，你可能會覺得暈眩又想挑戰，充滿希望又滿心懷疑。文章、作業、練習是爲了讓你建立安全感，藉此減少探索創造力的恐懼。

沒有什麼比父母沒充分活出生命更能影響周遭，尤其是孩子的心理。
——榮格

影子藝術家

創意人最需要的是支持。不幸的是，支持的力量得之不易。照理說，我們最早接收到的照顧和鼓勵通常來自核心家庭，接著則得自數目愈來愈多的朋友、老師和好心人。藝術家在幼兒時期，需要有人讚揚我們的努力和付出、表現和成就。可惜，許多藝術家在早期從未接受過這類重要的鼓勵，所以，他們可能根本不知道自己是藝術家。

父母對子女追求藝術的反應很少是：「試一試，看看會有什麼結果。」在子女需要支持的時候，父母反而勸誡子女要小心。小小藝術家本來膽子就小，再加上本身和父母的恐懼，往往就此放棄藝術生涯的美夢，停留在黑暗的「如果可以……」和懊悔中，在夢想行動和害怕失敗之間進退兩難，於是影子藝術家便誕生了。

我想到艾德恩，他是位身價百萬的悲情證券商，生活的樂趣來自藝術收藏品。他擁有高度的視覺藝術天分，卻從小被鼓勵從事金融業。父親送給他二十一歲的生日禮物，是證券交易所的席次。他從那時起，開始從事交易證券至今。今年三十五歲的他很富裕，卻也很貧乏，因爲金錢買不到創意的充實感。

被藝術家和藝術品環繞的他，猶如一位把臉貼在糖果店櫥窗的孩子。他想多些創造力，卻認爲只有別人辦得到，自己已經沒指望了。他很慷慨，最近才資助某位藝術家一年的生活費用，好讓她追求自己的夢想。他從小到大被灌輸的觀念是，「藝術家」三個字不能用在他身上，以致他不能送自己同樣的大禮。

艾德恩的個案並不罕見，小小藝術家的藝術欲望總是被忽視或壓抑。父母基於好意，想替小孩培養出另一個理性自我，「別作白日夢了！」是最常聽到的警告。另外一句則是：「你老是異想天開，以後會一事無成。」

藝術家寶寶被強迫和醫師寶寶、律師寶寶一樣思考。由於藝術家餓肚子的迷思，幾乎沒有家庭會告訴子女放手去追求藝術生涯；即使願意鼓勵，也只是告訴孩子把藝術當成興趣，在顧及現實生活之餘玩玩創作。

對很多家庭而言，藝術生涯在社會和經濟層面都無立足之地。「藝術能拿來付帳單嗎？」因此，即使有人鼓勵子女考慮走藝術這一行，還是會要孩子考慮清楚。

艾琳是才華橫溢的兒童治療師，三十五歲左右開始對自己的工作不滿意，不知道該往哪個方向走，於是開始將童書改寫成電影劇本。在改寫的過程中，她突然作了個眞情流露的夢，夢到她放棄了自己的小小藝術家。艾琳在成爲治療師之前，即在美術課展露天分。二十年來，她壓抑自己的創作欲望，把創造力全都用來幫助別人；現在年近四十的她，渴望幫助的是自己。

艾琳的故事屢見不鮮，未經世故的藝術家被鼓勵去當美術老師，或和殘障人士共同鑽如果藝術家可以替自己定位，我相信大多數人不會替自己貼標籤。

——班尚
（Ben Shahn，畫家）

研手工藝。年輕作家被逼著當律師，走入講很多話、用很多字的行業；因爲聰明，可能被逼著唸醫學院。結果，說故事的天生好手變成才華橫溢的治療師，聽著別人說故事。

膽子太小不敢當藝術家的人，往往看不起自己，甚至不敢承認自己懷抱著藝術夢想，以致成了影子藝術家。影子藝術家不了解眞正的自我是個藝術家，而是躲在表態藝術家人士的背後。他們不知道自己已具有所嚮往的創造力，所以約會或結婚的對象，從事的經常是他們私下渴望的藝術工作。

傑瑞的藝術家障礙尚未去除時，開始和麗莎交往。麗莎很有天分，卻是個一文不名的按件計酬藝術家。傑瑞常對麗莎說，「我是你最忠實的影迷。」然而傑瑞沒說出口的是，他自己也夢想要拍電影。事實上，傑瑞擁有完整的電影書籍，並且大量閱讀報導製片的專業雜誌，但他害怕眞正去從事自己的興趣。他因而反過來把時間和注意力放在麗莎和她的藝術生涯上，她的事業在他的指導下逐步起飛，不僅清償債務，知名度也愈來愈高。傑瑞的障礙並未去除，當麗莎建議他去學拍電影時，他推託說：「並不是每個人都當得成藝術家。」傑瑞對她、同時也對自己這麼說。

藝術家們惺惺相惜。影子藝術家被趣味相投的人吸引，卻不敢行使自己與生俱來的權利。有人成爲藝術家，有人成爲影子藝術家，差別通常不在於才華，而是膽識——後者躲在陰影中不敢走出來，怕夢想見光死，怕夢想碰了會破碎。

我們從小學到，負面等於實在，正面等於不實在。

——傑佛絲（Susan Jeffers，插畫家）

不要哭泣，不要憤怒，要了解。

——史賓諾沙（Baruch Spinoza，泛神學論者）

影子藝術家往往選擇影子事業，也就是那些接近、甚至並列所嚮往的藝術行業，而不是那項藝術。法國著名導演楚浮發現影評人都是毒舌派，他認爲影評人本身是遭遇障礙的導演，因爲當年他身爲電影人時也是如此。他的話不算錯，想寫小說的人往往從事新聞業或廣告業，既不投入寫小說的行列，又能發揮天分。想當藝術家的人可能做藝術家經紀人，不能獲得第一手的樂趣，而是隔著一層推動自己的夢想。

卡洛琳是才氣橫溢的攝影師，也是成功的攝影師經紀人，但卻過得不快樂。珍渴望寫電影劇本，然而寫的卻是三十秒的廣告劇情。凱莉想當作家，又不敢認眞看待自己的創造力，而是去經手「眞正」的創意人，這是門利潤可觀的行業。這幾位女子都是影子藝術家，必須把本人和自己的夢想推上舞台當主角。她們明白這一點，卻又不敢放手去做。她們從小就學會扮演影子藝術家的角色，以致必須刻意努力才能卸下這個角色。

有些跋扈的父母是一片好意，有些父母純粹就是跋扈。要對他們說，「且慢，我也是藝術家！」需要強烈的本我力量，而且大概會聽到父母這句可怕的回答：「你怎麼知道？」羽翼未豐的藝術家並不知道，只是有種夢想、感覺、衝動、欲望。雖然很難找到眞憑實據，但夢想不會消失。

有件事屢見不鮮，影子藝術家批判自我毫不留情，因爲沒有追求心中夢想而自我折磨了許多年。這種殘酷的對待更加鞏固了本身影子藝術家的身分。記住，藝術家要靠栽培，要過創意的生活，千萬不能怕犯錯。

——皮爾斯（Joseph Chilton Pearce，作家）

你覺得被輕視，覺得生氣或疲憊，這是他人未對你的能量敞開心胸的跡象。

——羅曼（Sanaya Roman，靈性作家）

而影子藝術家並沒有受到足夠的栽培，但他們還是怪自己沒有放膽去做。

我們曲解了達爾文主義的決定論，以爲眞正的藝術家能經得起最嚴苛的考驗，在惡劣的環境中飛向命中注定要追尋的目標。沒這回事！很多眞正的藝術家不是太早生小孩、就是小孩生得太多，生活窮困、沒有足夠的文化機緣或財力嘗試藝術，所以不能成爲自己眞正嚮往的藝術家。影子藝術家本身並沒有錯，他們聽到夢想在遠處呼喚，卻在文化迷宮中找不到出路。

在所有影子藝術家的眼裡，生命充斥著未達成的心願和未實現的諾言，是段不如意的經歷。他們想寫作、想繪畫、想演戲、想演奏、想跳舞……又怕自己太認眞。

影子藝術家想走出陰影，站在創意的光芒之中，就必須學習認眞看待自己，溫柔、努力地栽培小小藝術家。創造力是嬉戲，但要影子藝術家放任自己嬉戲並不容易。

保護內心的小小藝術家

記住，你的藝術家是個小小孩，找到他，保護他。學著讓自己從事創作，就像是學走路，小小藝術家一定得先學會爬，然後走得跌跌撞撞——難看的第一幅畫；影片拍得像沒有剪接的家庭電影；第一首詩把卡片都糟蹋了。復原階段的影子藝術家向來會用這些早期作品當作藉口，就此打住，不再嘗試。

繪畫是和生命和解。世間有多少人，就有多少種解決方法。

——圖克

（George Tooker，畫家）

批評自己早期的藝術作品，是在對藝術家施暴。從幾方面看來：把其他藝術家的傑作當作衡量初學者作品的標準；剛開始的作品太早受到批判；以及給超愛批評的朋友下評論。簡而言之，初出茅廬藝術家的行爲，就像受虐狂一樣。被虐待是很早以前就精通的藝術形式，長期自我羞辱以達到完美的境界。這種痛恨自己、欺負自己的習慣，絕對能把影子藝術家打回陰影裡。

走出創意障礙必須走得輕柔、走得緩慢。我們是要療癒舊傷口，而不是創造新傷口；拜託不要下手重罰！錯誤在所難免，摔跤也是家常便飯，這是嬰兒學步，我們應該要求自己進步，而非變得十全十美。

走得太遠、走得太快，都會毀了自己。恢復創意就好比馬拉松訓練，要慢慢跑十哩，而不是快快跑一哩，要剛好和自尊心唱反調。我們想變得厲害，而且是馬上變厲害，但復原的進度卻並非如此，反而是彆扭、躊躇、尷尬的步驟。我們在自己或任何人眼裡，都在頻頻出醜。但我們必須命令自己不要事事求好心切，體面和進步是不可能同時做到的事。

記住，想重拾藝術家的身分，必須願意先做差勁的藝術家，同意自己成爲初學者。願意當糟糕的藝術家，就有機會成爲藝術家，也許過段時間甚至會成爲非常厲害的藝術家。

上課上到這裡，我面臨到立刻、防衛性的反擊：「等眞的學會彈琴／演戲／繪畫／寫作，你知道我那時都幾歲了嗎？」

知道……如果你沒學會也是那個歲數。

所以，開始吧！

內在敵人：負面核心信念

我們大部分時間都困在生活的某個範疇裡，因爲這樣比較安全。我們或許不快樂，但至少知道自己是什麼模樣——不快樂。我們對本身創造力的恐懼，主要是對未知的恐懼。

如果我的創造力全開，會是什麼狀況？我和其他人會變成什麼樣子？我們對可能發生的事相當悲觀，所以，與其知道結果，不如保持目前的困境。這很少是意識性的決定，往往是對內在化負面信念的無意識反應。這個禮拜，我們要挖掘並鏟除負面信念。

以下是常見的負面信念：

我不可能是成功、多產、有創意的藝術家，因爲：

1. 大家會討厭我。
2. 我會傷害親朋好友。
3. 我會發瘋。
4. 我會拋棄親朋好友。

5. 我會寫錯字。

6. 我的點子不夠好。

7. 我的媽媽和（或）爸爸會生氣。

8. 我會孤伶伶一個人。

9. 我會發現自己是同性戀（如果本是異性戀者）。

10. 我會被當成異性戀（如果本是同性戀者）。

11. 我的作品會很差，又沒有自知之明，看起來很愚蠢。

12. 我會覺得很憤怒。

13. 我永遠不會有錢。

14. 我會自我沉淪、酗酒、嗑藥、性交，把自己搞死。

15. 我會得到癌症、愛滋病，或者心臟病或瘟疫。

16. 我的愛人會離開我。

17. 我會死。

18. 我不配成功，所以我會很難過。

19. 我只做得出一件好作品。

20. 太遲了！如果我還沒發揮過藝術才能，就永遠都做不到了。

以上的負面核心信念未必正確，這都是父母、宗教、文化、損友灌輸給我們的想法，每一條信念都反應出大眾對藝術家的觀感。

即使清除掉壓倒性的負面文化信念，我們還是死守著家人、老師、朋友所灌輸的負面核心信念。這些觀念比較婉轉，但若不處理，同樣具有破壞力。我們現在要做的，就是處理這些信念。

負面信念只是種想法，而非事實。以前所有人都相信地球是平的，但地球從來沒有平過。你不笨、不瘋、不自大、不做作、不愚蠢，不會因爲你誤以爲自己是這個樣子，你就會變成這樣。

你只是嚇壞了，是負面信念一直在嚇唬你。

重點是，個人和文化的負面核心信念總是能抓住你的要害，攻擊你的性能力、你討不討喜、你聰不聰明，它們專挑你的罩門下手。

以下是部分的負面信念和相對的正面信念：

負面信念	**正面信念**
藝術家是：	藝術家可以是：
酗酒	清醒

瘋狂	正常
一文不名	沒有債務
沒責任感	有責任感
獨行俠	好相處
花心	忠心
無藥可救	得救
不快樂	快樂
天生，而不是後天	重新發現，重新開始

舉個例子，藝術家四處留情的老調若套用在女性藝術家身上，就會換成負面的人身攻擊：「沒有男人會愛上藝術家，藝術家不是抱持獨身主義，就是同性戀。」年輕藝術家從母親或老師口中聽到這番話，即便只是放在心裡，也會造成沉重的阻礙。

年少男藝術家同樣會遇到涉及隱私的負面說辭：「男性藝術家不是同性戀，就是性無能。」這個觀念來自老師，或是讀了太多費茲傑羅和海明威的作品。誰想要性功能出問題？

同性戀藝術家又多了一層顧慮：「大家只能接納異性戀的藝術作品，所以我何必要創我不敢相信神秘的宇宙是繞著痛苦的軸心旋轉，人世間異常之美，必定是建立在純粹喜悅的基礎上。

——波肯（Louise Bogan，詩人）

作藝術？到時候不是得裝模做樣，就是不管想不想都得出櫃。」

抽絲剝繭到最後，種種負面信念透露出負面的中心思想：要實現美好的寶貴夢想，就必須拿另一個夢想去交換。換句話說，如果藝術家是個不可能成眞的美夢，你就會替它標個價格，一個你負擔不起的價格，這麼一來，你就會困在原地不動。

有道牆橫亙在創意人和他們的作品之間。無法兩全其美的想法正是這道牆，這是連他們自己都不明白的想法。要突破障礙，我們必須意識到這種魚與熊掌不可兼得的想法。「我要活得快樂浪漫，就不能當藝術家。」「我要財力雄厚，就不能當藝術家。」有可能，很有可能，藝術家和浪漫的夢想能同時實現，也很可能又當藝術家又有雄厚的財力。

障礙不希望你看破這一點，整個作戰計劃就是要讓你非理性地害怕某種悲慘下場，而且是悲慘到連自己都不好意思。理性告訴你，你不應該因爲愚昧的恐懼而拖著不寫作或繪畫，但就是因爲愚昧，所以你說不出口，因而對此障礙束手無策。如此一來，「你會寫錯字」，即使有電腦檢查拼字程式也無濟於事。你知道擔心寫錯字是件傻事，所以連提都不提了。既然你不提，就會不斷地妨礙你去尋找解決的方法（怕寫錯字是極爲常見的障礙）。

這個禮拜接下來，我們要運用理性腦／藝術腦的學習秘訣，來發掘無意識的信念。也許你會覺得這是在搞怪和白費力氣，同樣的，這又是一種抗拒的表現。你的內在敵人若是內化的負面態度，以下是精良兵器，在丟掉以前先用用看吧。

內在盟軍：正向兵器

無法發揮創意的人，常常坐在邊線批評參賽者。當紅的藝術家可能被說成「他的才華也不過如此」。也許我們說得沒錯，但藝術家能站在舞台中央，靠的往往不是創意，而是膽識。我們的創意無法發揮，於是痛恨這些霸佔鎂光燈的遜咖。眞正的天才可能會讓我們信服，但若只有自我推銷的才華，看了眞是令人怒火中燒。這不僅僅是妒忌，這個拖延戰術甚至能繼續困住我們，好讓我們對自己和其他心甘情願的受害者高談闊論：「要是……我可以做得更好。」

要是你動手去做，你可以做得更好！

正向信念會幫助你讓自己放手去做。正面說話是敘述（正向）信念的肯定句，如果我們說正面話的功夫有說反面話功夫的十分之一，就會看到驚人的變化。

> 正面說話就好比是有效的藥方，能改變你想要改變的地方。
>
> ——法蘭赫塞（Jerry Frankhauser）

正面說話有助於建立安全感和希望

剛開始說肯定句的時候，我們可能會覺得很愚蠢、虛僞、尷尬。這眞是有意思！當我們用負面說辭攻擊自己時，可是輕輕鬆鬆、毫不尷尬：「我的天分不足／不夠聰明／創意不夠／不夠年輕……」一旦要說自己的好話時，卻是困難重重。剛開始覺得很糟，可以試試這幾句，聽起來還不至於太令人臉紅：「我值得疼愛。」「我應有該得的酬勞。」「我值得過有收穫的創意生活。」「我是優秀又成功的藝術家。」「我有很豐富的創作才華。」「我有能力，也有信心創作。」

你的烏鴉嘴是不是豎起可惡的小耳朵？只要是能提升自我價值的話，烏鴉嘴聽了都會覺得很刺耳，馬上就要出騙人的老招術：「你以為你是誰啊？」集體潛意識好像熬夜在看迪斯尼出品的《101忠狗》，練習壞女人蒂瓦莉惡毒的腔調。

隨便挑句正面陳述，例如：「我＿＿＿＿（你的名字）是傑出又多產的陶藝家（畫家、詩人、或你的身分）。」連續寫十遍這句話。你在寫的時候，會發生一件有趣的事，烏鴉嘴要開始抗議了：「喂，等一下，不要讓我聽到有正面意義的話。」抗議就像烤焦的吐司一樣冒出來，這些就是你的「冒失鬼」。

注意聽這些抗議聲，仔細看短小醜陋的冒失鬼。「傑出又多產……說得眞好聽……這是什麼時候的事？……連字都寫不好……你說寫作瓶頸叫做多產？……自己騙自己嗎……白痴……誇張……在騙誰啊？……你以為你是誰啊？」等等。

從潛意識裡冒出來的狠話令人吃驚，全寫下來，這些話代表你個人的負面核心信念，用醜陋的爪子箝制你不得自由。把從你心裡冒出來的話語列出來。

兩種個性相遇，就如同兩種化學物質接觸。如果出現反應，雙方都會轉變。
——榮格

來做點調查工作吧！這些話是從哪裡聽來的？老媽？老爸？老師？利用冒失話清單回到過去找線索，腦海中至少會跑出點東西來。有個方法用來找問題的根源很有效——回到過去，把你的生命以五年為單位分段，列出在各個階段影響你最大的人名。

保羅一直都想當作家，他在大學時期創作了短短一陣子，作品便不再拿給任何人看。他的夢想是寫短篇小說，但他卻不斷寫日誌，寫完一篇日誌就丟進抽屜中不見天日。他為什麼要這麼做，連他自己都想不透，直到他開始處理正面話和冒失話時，才解開謎團。

保羅開始寫正面話時，難聽話立刻像火山爆發一樣震撼著他。他寫道：「我，保羅，是個傑出又多產的作家。」無意識的深處迸出一連串自我蹧蹋又自我懷疑的字眼，字字命中要害，聽了讓人傻眼卻又有些耳熟：「你是在開自己玩笑，傻瓜、沒有眞實的才氣、冒牌貨、半調子、荒唐……」

這股核心信念是從哪來的？誰會跟他說這種話？在什麼時候？保羅回到過去尋找元凶，但找到這個人是件難以啓齒的事。是的，確實有名元凶，然而這件事使他羞於告人。早期有個壞老師先讚美他的作品，接著便性侵他。他以為是自己招惹那個人的注意，怕自己的作品也被糟踏。保羅將此事深埋在無意識中，任其惡化。難怪他聽到讚美總覺得是別有用心，怪不得他認為別人的讚美都不是眞心話。

追根究柢，保羅的負面核心信念是：他覺得自己有寫作能力只不過是在欺騙自己。十年來這個信念主宰著他的想法，只要有人稱讚他的作品，他就對這些人和他們的動機懷著高度戒心。朋友對他的才華感興趣，他就立刻停止和他們來往，絕對不再信任他們。當女朋友咪咪對他的才華表示興趣，他便連她都不信任。

從記憶深處找出這隻妖怪後，保羅就可以開始對付它：「本人保羅眞的有才氣。本人保羅信任和喜歡正面回饋。本人保羅眞的有才氣……」雖然一開始這種正面陳述讓保羅不太舒服，但他很快便能自在地首次公開朗讀自己的作品。聽到大家讚美，他也能完全接受，不再起疑心。

現在看看你自己的冒失話清單，這對於你的復原非常重要，每一句話都緊緊牽繫著你，每一句話都得破解。假如有句冒失話是：「本人佛烈沒有才氣，是個冒牌貨。」也許能改成正面陳述：「本人佛烈確確實實有才華。」

寫完晨間隨筆後，運用你的正面陳述。

下列的創意正面陳述可隨意使用。

正面陳述只不過是用強烈的肯定句說出早已存在的現象。

——高文（Shakti Gawain，作家）

滿懷信心走向夢想！過你想像要過的生活，簡化你的生活，宇宙律法也會隨之簡化。

——梭羅（Henry David Thoreau，美國作家）

創意正面陳述

1. 我是神的創意管道，我的作品是好作品。
2. 我的夢想來自神，神有能力完成我的夢想。
3. 我創作、聆聽就能得到指引。
4. 創意是創世者對我的意願。
5. 我的創意能療癒自我和他人。
6. 我可以滋養我的藝術家。
7. 透過幾種簡單的工具，我的創意就會湧現。
8. 我透過創意來侍奉神。
9. 創意領我走向眞理和愛。
10. 創意使我寬恕他人並寬恕自我。
11. 上蒼爲我做良善的規劃。
12. 上蒼爲我的作品做良善的規劃。
13. 傾聽內心的創世者，我得到引領。

14. 傾聽自我的創意，我被引領走向創世者。
15. 我願意創作。
16. 我願意學著讓自己創作。
17. 我願意讓神透過我而創作。
18. 我願意透過創意服侍。
19. 我願意經歷創意能量。
20. 我願意發揮創意才能。

作業

1. 每天早上把鬧鐘設定時間提早半小時，起床完成三頁意識流的晨間寫作。不要再看一遍，也不准別人看，最好是把隨筆放進大牛皮紙袋或找個地方藏起來。歡迎動筆，晨間隨筆會改變你。

   這個禮拜請務必在每天晨間隨筆的結尾，運用選出來的正面話和冒失話，把冒失話全部改寫成正向的肯定句。

> 把自己的復原列為人生首要目標。
>
> ——諾伍德（Robin Norwood，作家）

不管用什麼方式說「來吧！」，必然會有事情發生。

——曼恩

（Stella Terrill Mann，作家）

2.帶自己去赴藝術之約，在課程進行期間要每週約會一次。藝術之約可以是帶個一、兩百塊到三十九元商店買些有的沒的小玩意兒，如金色的星星貼紙、小恐龍、明信片、亮片、膠水、兒童剪刀、蠟筆。你可以每寫一天，就在大紙袋上貼個金色星星，開心就好！

3.回到過去，列出創意自我價值的三名宿敵。這項練習要盡可能仔細，因為陳年老妖已堆砌出你的負面核心信念。（是的，五年級時教你的安修女也有份，她對你口出惡言，脫不了關係，把她算進來。）這是你的妖怪名人堂，在復原的過程中會有愈來愈多的妖怪現身。承認創作傷害，為傷害而心痛是免不了的，否則就會變成創意的結痂組織，阻礙你的成長。

4.回到過去，從妖怪名人堂中選出一個恐怖故事寫下來。不需要寫太長或太多，只要記下回想起來的細節——你在那個房間裡，別人看你的眼神，你的感受，你告訴父母時他們說出來或沒說出來的話。讓你懷恨在心的還有那些事：「然後我記得她笑得很假，並且拍了拍我的頭……」

若是能把老妖怪畫出來，或剪下一張讓你能想起這件事的圖像，也許具有洗滌情緒的作用。把妖怪醜化成卡通人物，或至少在上面打個紅色大叉叉。

5.寫封讀者投書來聲援自己，把信寄給自己。用你小小藝術家的受傷口吻寫信會很有意思：「敬啓者：安修女是壞蛋，她是瞇瞇眼，我沒寫錯字！」

6. 回到過去，列出創意自我價值的三位靠山。他們會祝福你和你的創造力，是你的靠山名人堂。寫清楚，每一個鼓勵的字眼都算數，即使是你不相信的讚美也要記下來，它有可能是眞心話。

如果想不出來讚美的話，可以翻閱過去的紀錄，找尋正向的回憶。何時、何地、爲什麼覺得自己很好？是誰肯定你？

此外，你也許想把讚美全部寫下來加以裝飾，貼在晨間隨筆寫作處附近，或是汽車儀表板上。我把我的貼在電腦底座上，在寫作時爲自己打氣。

7. 回到過去，挑一段快樂的鼓勵之語寫下來，寫一張感謝函寄給自己或久未聯絡的精神導師。

8. 想像生活：如果你還有五條命可以活，你想分別做什麼？我要當飛行員、牛仔、物理學家、靈媒、僧侶。你也許想當潛水員、警察、童書作家、足球員、肚皮舞者、畫家、表演藝術家、歷史老師、治療師、教練、科學家、醫生、和平團志工、心理學家、漁夫、牧師、修車工人、木匠、雕刻家、律師、畫家、電腦駭客、偶像劇明星、鄉村歌手、搖滾樂鼓手。想到什麼就記下來，做這項練習時不要想太多。過這種日子的重點在於樂趣，這比目前的日子好玩。看一遍清單，挑一項出來，

我們絕對會變成自己預期的模樣。

——布里斯托（Claude M. Bristol，作家）

這禮拜就這麼過。如果你寫下鄉村歌手，那麼能不能去買把吉他？如果夢想成爲牛仔，去騎騎馬如何呢？

9. 在記錄正面話和冒失話的同時，傷痛和妖怪常常會來找我們，一旦出現就加在清單上。一句句的處理冒失話，把每句負面話變成正向的肯定句。

10. 帶你的藝術家去散步，就你們兩人，輕快地走個二十分鐘，感覺將會大大不同。

檢查

每個禮拜都要做檢查的工作。如果你的創意週是從這個週日到下週日，就在每個週六做檢查。記住，要復原的人是你，所以你的想法很重要，愈往後進度會愈來愈有趣。你也許想檢查寫晨間隨筆的本子。檢查最好是以書寫方式來回答，等個二十分鐘後再答。檢查的目的是爲了留下創造力之旅的日誌。我希望你能在日後和他人分享這些工具，這樣才會發現自己的筆記是無價之寶：「沒錯，第四週我在抓狂，我愛第五週……」

1. 這個禮拜你寫了幾天晨間隨筆？我們希望是七天都寫，你有什麼感受？
2. 這個禮拜你赴藝術之約了嗎？是的，我們永遠希望你每週都去。不過要自己赴約可是件難事，你做了什麼事？感覺如何？
3. 這個禮拜有什麼事對你的復原具有重大意義？描述一下。

Week 2
信任自己

這一週要恢復創意的要素，即自我定義。當你的個人需求、欲望、興趣宣示它們的存在時，你可能要劃定新界線和標示新領土。以下文章和工具是爲了讓你融入自己的身分——自我界定的你。

健全與否的判斷標準是：皮膚感覺到熾熱應該是種喜悅，站得筆直、知道肌肉裡的骨頭能移動自如應該是種喜悅。

——萊辛（Doris Lessing，諾貝爾文學獎得主）

清醒

對很多人來說，信任自己的創造力是前所未有的行爲，最初會覺得恐懼，而且不止我們，身邊的密友也有同感。我們可能覺得、也看起來怪怪的。要克服障礙和走出挫折，這種怪異是很正常的。切記，清醒過來和失去理智，當下的感覺是一樣的。

重新發現創意自我的過程有如潮起潮落，在獲得力量的同時，也會感到自我懷疑來襲，這是正常現象。一旦把自我懷疑視爲復原的徵兆，我們就能對付更強勁的襲擊。

常見的自我抨擊是：「好吧，這個禮拜我的表現還不錯，但這只是暫時性的……好吧，我寫完晨間隨筆了，可能我沒寫對……好吧，現在我得計劃做件大事，還得馬上動手！……我在騙誰啊？我永遠不會恢復創意，現在不會……永遠都不會……」

這些抨擊完全沒有根據，但我們卻深信不疑。一旦我們相信這一套，就會繼續耽溺，成爲受害者。剛戒完酒的酗酒者必須迴避喝第一口酒，剛復原的藝術家必須迴避第一個想法。我們的第一個想法其實是自我懷疑：「我想這麼做不會有好處……」

這些抨擊不是來自內在，就是外在，只要把它們視爲某種創意病毒就能破解。正面陳述是自我憎恨的強效解藥，自我憎恨則通常會躲在自我懷疑的面具背後。

在恢復創意的初期，自我懷疑會引誘我們毀滅自我。常見的自毀方式就是給別人看晨妨礙你中止病態關係模式的人是狙擊手。

——海耶斯（Jody Hayes，兩性關係專家）

間隨筆。記住，晨間隨筆是一種隱私，不是為了給好心好意的朋友檢查。有位剛突破障礙的作家把晨間隨筆給尚未突破寫作困境的朋友看，後者批評他寫的東西，導致他又被困住了。

千萬不要讓自我懷疑變成自我毀滅。

惡毒的玩伴

當我們擁有安全感又能自我接納的時候，創造力才會源源不絕。內在藝術家和小孩一樣，有安全感的時候最快樂。身為藝術家的父母，我們必須善盡保護責任，為內在藝術家找到安全的同伴。壞心眼的玩伴會抑制內在藝術家的成長。

不令人意外地，當我們正在恢復創意的期間，那些創意仍受阻的人，當然是最惡毒的玩伴，因為我們的復原使他們感到不安。

只要我們處於障礙階段，往往會覺得自稱為創意藝術家是一種自我膨脹和自以為是。其實，拒絕承認自己的創造力才是自以為是，當然這種否認是有報應的。

我們寧可納悶和擔心自己的傲慢，卻不願意謙虛地尋求協助來克服恐懼。我們寧可幻想藝術，卻不動手去做。不請求偉大造物者協助我們的創造力，不去發覺偉大造物者交付給我們創造力，如此我們就可心安理得地忽略自己的創造力，而永遠不用去冒發揮創造力

不要讓世人告訴你正確的愛好，還要謙卑地說阿門；要知道自己的愛好，靈魂才會有生命。

——史帝文生（Robert Louis Stevenson，散文作家）

凡是不聽從內心的指引，你會感到失去能量、失去力量，和靈性死氣沉沉的感覺。

——高文

的風險。你的那些仍有罣礙的朋友，可能還安心地沉溺在自我妄想中。

倘若他們看不慣你努力想突破障礙，就表示他們還在爲創意受阻付出代價。也許他們因爲罣礙而感到壯烈，獲得厭食般的快感；或許他們收集同情，自怨自艾；也許他們自認爲可以比創意人更有創意，而感到沾沾自喜。這些行爲對於現在的你，都是一種殘害。

不要指望心有罣礙的朋友會爲你的復原鼓掌叫好，就如同最麻吉的酒友不會因爲你的戒酒喝采。他們還想抓住酒杯不放，又如何能爲你祝福？

心有罣礙的朋友也許因爲你的復原而感到困擾，你的解脫讓他們覺得自己也有可能突破，並確確實實的嘗試創作，而不是坐在一旁冷嘲熱諷，就是這種可能性使他們不安。要提防朋友暗箭傷人，因爲你目前還禁不起他們善意的質疑，他們的懷疑會使你本身的疑慮復活。要特別提防暗指你變得太自私或太突出的話（這些是紅色警戒的字眼，好讓我們重蹈覆轍，好讓他們開心，而不是我們）。

阻礙的創造力很容易受罪惡感所擺佈。我們脫離了阻礙階段，朋友會覺得我們棄他們而去，也許會無意識地操弄罪惡感，希望我們放棄剛建立起的好習慣。你一定要了解，晨間隨筆的寫作時光是屬於你和神的時光，只有你最清楚自己的答案，一旦你開始支持自己，就會找到新的支持源頭。

要小心翼翼地守護剛找回來的藝術家。創造力之所以不能發揮，往往是因爲落入他人替我們所做的安排。我們想保留點時間來創作，但又覺得應該去做別的事。創意受阻的人不重視自己對自己的責任，反而重視自己對別人的責任。我們總以為這麼做才是一個好人，錯了！我們變成了傷心人。

培養創造力的要素在於栽培自我，自我培育才能培養出和偉大造物者內在的連結。經由這股連結，我們才能展現創造力，才會有路可走。我們需要信任偉大的造物者，在信仰中向前行。

再說一次：偉大的造物者賜給我們創造力，發揮創造力便是我們的回禮，別讓朋友浪費了你的時間。

要溫和，但要堅定，堅持下去。藉由自己的突破建立榜樣，這才是對朋友的最佳獻禮；不要因爲他們的畏懼和三心二意，使你偏離了軌道。

要不了多久，你就能把學到的技巧教給別人；要不了多久，你會成爲他人由自我懷疑通往自我表達的橋樑。現在，不要把晨間隨筆給好奇的旁觀者看，不要帶朋友赴藝術之約，只須好好保護內在藝術家。在復原的外圍畫下神聖的圓圈，給自己一份信仰的禮物，相信自己走在正確的道路上——你走對了。

隨著復原的進展，你會覺得對造物者和內在造物者愈來愈放心；你會知道，原來寫比不寫容易，畫比不畫容易。你會學著享受身爲創作管道的過程，學習放棄掌控結果的需求。你會發現發揮創造力的樂趣，你會著重於過程，而非成品。

你的療癒是帶給他人希望最偉大的訊息。

狂人

創意人要逃避創作，會做的一件事，就是和狂人打交道。狂人的個性是創造狂風暴雨，他們通常有著領袖氣質，多半深具魅力、會無中生有、又能言善道，在他們周遭的創意人會被摧毀得體無完膚。你知道這種人——有領袖魅力卻完全失控，問題多多卻對策缺缺。

狂人是那種會奪去你整個生命的人，別無他法的人會對他們心悅誠服：有這麼多事要變動，有這麼多事可以分心……

如果你和狂人有往來，大概早就知道這是怎麼回事；看過上一段的略述，你絕對曉得是哪種人。狂人喜歡誇張，只要唬弄得過去就可以成爲主角，身邊的人全是配角，見機行事，隨著狂人的（瘋狂）念頭上台、下台。

我遇過一些毀滅力強大的狂人，他們本身就是著名的藝術家，然而就是這種藝術家賠上了大家的名聲。他們其實沒這麼偉大，藉由身邊人的生命能量成就他們的地位。因此美國有很多最瘋狂的藝術家，身邊總是圍繞著一群支持者，他們的才氣和藝術家不相上下，

學著觸及自己內在的沉寂，明白生命中的每件事都有其意義。

——史庫伯勒—羅斯（Elisabeth Kübler-Ross，生死學大師）

卻甘願捨棄自己的才能爲狂人國王效勞。

我想到幾年前去探班的片場，製作人是美國電影界鉅子，他的境界不容置疑，他的狂人作風也不容否認。製片的工作很辛苦，他的拍攝現場更是不得了——工作時間久，時間長，勾心鬥角，互相算計。聽說現場裝有竊聽器，狂人國王透過廣播系統和演員講話，他就像綠野仙蹤裡的巫師，藏身在設備豪華的大拖車洞穴裡。

過去二十年，我目睹過許多導演工作，還曾嫁給才華橫溢的導演，我本人也導演過一部劇情片。我常說劇組工作人員親密得像一個大家庭，若以狂人國王的情況，他的劇組則像是有親人酗酒的家族，酗酒者（思考者）身邊的人只求順著他的脾氣，大家一起假裝他的自大和附帶要求都很正常。

在狂人的拍片現場，製片不照原定程序進行，國王不合理的要求使得預算增加。劇組基本上是專業人士，看著這群可敬的專家心灰意冷，這種震撼教育讓我見識到狂人的惡勢力。在製片的破壞手筆下，優秀的場景設計師、服裝設計師、音效工程師，當然還有演員，受到的傷害愈來愈嚴重。他們爲了大螢幕的演出效果打拼，還要對抗狂人導演的個人演出。這個劇組和所有好的電影人一樣，爲求好作品願意長時間加班；然而令他們心寒的是，工時長並不是爲藝術效勞，而是爲了某人的自我。

瘋狂的動力來自於權力，所以任何一群人都能變成任君剝削和壓榨的能量體系。幾乎在每個片場、每種藝術形態中，都能找到狂人的蹤影。他們也許是名氣的產物，但權力是他們的主食，權力的根源並不重要。雖然狂人大多是富人和名人，但在普通人當中也很常見。就在核心家庭（這四個字有道理）裡，經常住著個狂人，專門製造家人之間的對立、暗中破壞他人的安排，只顧自己。

我想起一位舊識，她是專搞破壞的大家長，成員個個是人才的大家族以她爲首，她用全副精力打擊子女的創造力。她總是挑關鍵時刻出手，在子女即將成功時引爆她的炸彈。女兒努力想拿到已延畢的大學學位，卻在期末考前一晚突然發生大事。兒子要赴重要的工作面試，卻在最需要專心的時候有人造訪。

「你知道鄰居都怎麼說你嗎？」狂人常常這麼問。（煩惱的學生還得聽母親說上一大串八卦，面臨期末考週的她更加心煩意亂，心想，「考試考好了又怎麼樣？」）

「如果換了這份新工作，你的婚姻不就完了嗎？」（兒子想一展長才的希望，還沒開始就已破滅。）

你生命中的狂人可能是跋扈的母親、狂熱的老闆、窮困的友人、頑固的配偶，他們都有某種毀滅性的模式，惡毒得使創作無以爲繼。

我真正要說的是，我們要樂於追隨直覺的指引，然後以直接和無懼的心理追隨指引。

——高文

狂人說話不算話、破壞預定計劃

他們會在婚禮前兩天抵達，並且指望凡事都有人侍候。他們租的度假小屋比原先說好的更大、更貴，還期望你買單。

狂人指望特殊待遇

只要你急著完成某件事，或有事使你分心而不能應付狂人的要求，他們就會冒出各式各樣的神秘病痛，需要你的照顧和關心。屋子裡有好多小孩肚子餓，狂人只會爲自己精心烹飪，卻絕對不餵小孩吃東西。狂人對旁邊的人口出惡言，發完脾氣後又說自己氣得不能開車。被罵的人不想著「該怎樣把這個惡魔趕出我的房子？」，反而心想「我怕爸爸會心臟病發作」。

狂人漠視你的現實生活

不管你的事情務必如期完成、不管你的工作正處於重要階段，狂人一定會來攪局。他們一副了解、尊重你底線的模樣，但重點在於他們怎麼做。狂人會在半夜或早上六點打電話來說：「我知道你叫我不要在這時候打電話給你，但是……」狂人會突然現身，來借你找不到或不想借給他們的東西。更絕的是，他們還會打電話要你找某樣他們需要的東西，然後又不來拿。他們會說：「我知道你現在時間不夠用，但只要一分鐘就好。」你的一分鐘。

狂人消耗你的時間和金錢

如果他們跟你借車，會拖到很晚才還，而且油箱裡滴油不剩；他們的行程安排一定會耗掉你的時間或金錢；他們要你在上班時間大老遠開車到機場接機，問他們為什麼要這麼做，他們就說：「我沒帶計程車錢。」「可是我正在上班。」

狂人把來往的人弄得水火不容

狂人有了能量（你的能量）才能活得好，他們必須讓大家交惡，才能鞏固他們的權力中心位置（在此可直接吸收他們激起的負面能量）。「某某人告訴我你今天上班遲到。」狂人會這麼透露。你也理所當然會對某某人生氣，卻沒注意到，其實狂人是在利用耳語破壞你的好心情。

狂人是怪罪高手

千錯萬錯都不是他們的錯，聽他們講話的口氣，一切都是你的錯。「如果你沒把贍養

> 放慢速度享受生命，走太快不僅看不到風景，也會記不得自己要往何處去、為何前去。
>
> ——坎特（Eddie Cantor，百老匯演員）

費的支票軋進去，就不會跳票了。」某狂人前夫如此告訴一心祈求平靜的離婚配偶。

狂人小題大作，而且是在最不恰當的時機

狂人本身的創造力往往受到阻礙，他們害怕發揮自己的創造力，也痛恨別人擁有創造力，因此他們會妒忌、會覺得備受威脅、會小題大作，要你付出代價。狂人只顧自己想做的事，逼著別人配合。和狂人打交道，永遠是背景比主題搶眼的重大議題。換句話說，和狂人的難題比起來，你的大事從主角變成微不足道的背景。你在準備考律師執照或是接先生出院回家的時候，他們會打電話來問：「你覺得他／她愛我嗎？」

狂人痛恨既定行程，但自己的除外

在狂人手中，時間是施虐的重要工具。你若挪出某段時間做自己的事，狂人就會想盡辦法和你搶取那個時段；你想一個人專心應付眼前的工作，他們就會莫名其妙需要某樣東西（也就是你）。「我熬夜到早上三點才睡，沒辦法開車送小孩上學。」當你必須提早出門和老闆開早餐會報時，狂人就會對你使出這一招。

不論神對人抱著什麼夢想，可以確定的是，只有靠人的合作，夢想才能實現。

——曼恩

狂人憎恨井然有序

混亂才能讓他們得逞。你才剛整理出一個地方讓自己發揮創造力，狂人就突然帶著自己要做的事闖進這地盤。「我的工作桌上怎麼會有這些紙和這些換洗衣物？」你問道。「我打算整理我的大學論文……找那些不見了的襪子。」

狂人不承認自己是狂人

他們對準要害下手。當你提出某件約定好卻沒做到的事，或某次搗亂搞破壞的事時，狂人可能會說：「把你搞瘋的人不是我，是我們的性生活太差勁。」

如果狂人的破壞力這麼大，爲何還要和他們來往？答案很簡單、也很殘酷，因爲我們自己也是這麼瘋狂，也是這麼自殘。

眞的嗎？

是的，創意受阻的人願意不惜代價保持現狀；和狂人相處，過的是害怕和受虐的生活，但比較起來，過自我創意生活的挑戰更令人畏懼。那會是什麼狀況？我們會變成什麼模樣？我們害怕讓自己更有創造力，自己會變成狂人，欺凌身邊的人。我們用這種恐懼作爲藉口，繼續讓別人凌虐我們。

如果你現在和狂人有來往，你必須承認這個事實，承認自己被利用，也承認你在利用自己的施虐者。狂人是你親手挑選的障礙，阻礙自己步上正軌。雖說你被狂人欺壓，但你也同樣在利用這個人阻斷你的創造力。

如果你和狂人跳著苦不堪言的探戈，不要再隨著他或她的音樂起舞。去找一本討論相互依存關係的書籍，或是報名參加十二步驟戒掉關係上癮的課程。〔艾爾艾儂協會（Al-Anon，協助酗酒者家屬和朋友的互助團體）和匿名戒性愛癮協會，是兩個停止與狂人共舞的絕佳團體。〕

下次當你發現自己在說或想著「他或她把我逼瘋了」時，問問自己：你想利用這層關係阻斷自己從事哪一項創作？

懷疑心態

談完其他人對復原所產生的阻力，現在來看看自己所窩藏的內在敵人。讓生命被侷限的最大阻力，也許是我們內心深處的懷疑心態，又稱爲「暗中質疑」。不論我們是皈依的信徒或不可知論者，對造物者／創造力這套說法都有所懷疑，而且是強烈質疑，若不說出口就會毀了我們。但爲了不煞風景，我們常常隱藏這股懷疑的感覺。不要再這麼做了，我們應該反過來好好探討這部分。

> 因為別人叫你信神或指引的力量，所以你才相信，這真是愚蠢到了極點。我們與生俱有獲得訊息的感官，用自己的眼睛看、用自己的皮膚感覺、用自己的智力了解，每個人都得自己苦苦思索。
>
> ——本寒（Sophy Burnham，作家）

認眞追究起來，心裡的質疑大概是：「好嘛，我開始寫晨間隨筆了，日子過得比較清醒、警覺，但又怎樣？這只不過是湊巧……好嘛，我開始注入活水，赴藝術之約，是有開心了一點，那又怎樣呢？這只不過是巧合……好嘛，我現在注意到，只要願意探索好的力量，生活中就會剛好冒出好事，那又怎樣？我不相信眞的有人在指引我，太詭異了……」因爲我們還在懷疑自己應不應該發揮創造力，所以覺得有個看不見的幫手是很不可思議的。這種心態根深柢固，就算別人送上一匹馬，我們不但嫌東嫌西，還要踹上一腳讓馬儘快滾出我們的生命。

當麥克開始恢復創造力時，他承認自己想拍電影。兩個禮拜之後，經過一連串的「巧合」，他居然進了電影學校，公司還替他付學費。他有開開心心的去上課嗎？沒有。他告訴自己，電影學校會妨礙他找工作，所以他放棄拍片去另找工作。

兩年後麥可想起這件事，認爲自己大錯特錯。宇宙送他他想要的東西，他卻把禮物退回去。後來他還是決定去學拍片，宇宙沒打算爲難他，是他爲難自己。

在創造力恢復時期，有件事也很值得注意：宇宙可以協助我們拓展全新的生命，但我們卻不肯認眞思考這種事有沒有可能發生。我們終於勇敢地嘗試恢復創造力，卻不要宇宙的關心。我們仍然覺得自己不夠資格成功，所以成功來臨時，我們就想逃走。

我們當然會快閃！試著對自己好一點點就足以嚇壞很多人。當我們小小的努力讓宇宙

將自己想成燦爛的力量，神和祂的信使照亮你，也許還一直在對你說話。

——優蘭

不論膠卷有多慢，靈性必然靜止不動，等待祂相中的攝影師。

——懷特

（Minor White，攝影大師）

打開一、兩扇門，我們就開始退縮：「喂！你！不管你是誰！太快了！」

我把頭腦想像成房間，對生命、對神、對可能和不可能的這些看法，都放在這個房間裡。這個房間有扇門，這扇門留了點縫隙，可以看到外面耀眼的光芒。我們在光芒中看到很多自認爲做不到的新點子，所以便不去碰這些點子。我們和自己可以安心的點子留在房間裡，其他點子則留在外面，不讓它們進來。

在生命康復之前，平常只要聽到詭異或嚇人的事，我們就抓住門把關上門，動作快得很。

內在運作能引發外在改變？荒唐！（關門）神會花力氣幫我恢復我的創造力？（關門）內在藝術家的僥倖巧合是心想事成的結果？（關門，關門，關門）

在進行恢復創意的過程中，還要嘗試另一種方式——我們先輕輕地將懷疑擱在一旁（以後有需要再拿出來用），然後只要有怪點子或巧合掠過，我們就輕輕地把門多推開一點點。

把懷疑放一邊，只要一會兒，都會有好玩的東西值得探索。在恢復創意的時候，我們未必要改變信念，但檢視信念則是必要的。

最重要的是，恢復創意是練習敞開心胸。再想像一次頭腦是間略留門縫的房間，敞開心胸就是把門再推開些。這個禮拜就開始刻意練習敞開心胸。

看到生命、人群、事物、文學、音樂要感興趣。世界如此豐富，豐富的寶藏、美麗的靈魂、有趣的人群在躍動。忘了自己。

——米勒（Henry Miller，小說家）

注意力

沉緬在幻想中無法自拔，往往就是創造力受阻的表現，我們不想動手找事做，或不活在當下，反而放任努力空轉，只會做白日夢，後悔過往的一切。認爲藝術家的生活必定過得漫無目標，這是錯誤的觀念。事實上，創意人的生活要有高度的注意力，有注意力才能連結和生存。

我以前都說外婆囉嗦的長信是「動植物報告」。「迎春花開了，今天早上我第一次看到知更鳥……。天氣這麼熱，玫瑰花還開得好好的……。山埔鹽樹變色了，信箱旁的小楓樹……我的螃蟹蘭快開了……」

體會外婆的生活就像在看家庭紀錄長片，這裡一個鏡頭、那裡一個鏡頭，用我從沒看懂的模式剪接在一塊兒。「老爹的咳嗽愈來愈嚴重……看來小席蘭會提早生馬寶寶……瓊娜回到醫院陪安娜……剛養的拳師狗取名叫崔茜，你能想像她喜歡睡在我的仙人掌花壇上嗎？」

我能想像。有了她的信就能輕鬆想到。在外婆眼裡，生命是不間斷的小小奇蹟——六月間開在白楊樹下的老虎百合，在河中灰色石頭下奔跑的蜥蜴有著光滑的外皮。她的信繞著季節和生活打轉，她享壽八十，一直到生命的盡頭還不斷來信。她的去世和她的螃蟹蘭一樣突然，今天花開明天謝。她身後留有寫下的信件和結縭六十二載的丈夫。她的丈夫，也就是我的外公霍華老爹，是個風度翩翩的無賴，有著賭徒的笑顏和倒楣的運氣，大賺大賠了好幾回，結果家產散盡。他把錢拿去喝酒賭博，花起錢來像外婆丟麵包屑餵小鳥似的。他虛擲生命的大好良機，外婆則品味生活中的小小機緣。提起外公，我母親總說，「那個男的。」

外婆和那個男人住過磁磚牆的西班牙式住宅、拖車、半山腰上的小木屋、狹小的公寓，最後在大雜院中落腳。「我眞搞不懂她怎麼受得了。」每當母親氣外公搞砸事情時總會這麼說，她的意思是她不曉得原因。

其實，我們都知道外婆之所以能夠忍受的原因；她站在水深及膝的生命溪流中，並全神貫注。

外婆走了之後，我才學到她信中的智慧：人要清醒才能活下去，全神貫注才能神智清醒。沒錯，她的信上說，老爹咳得愈來愈嚴重、我們的房子沒了、沒有錢也沒有工作；但老虎百合開了、蜥蜴在太陽下找到好位置、天氣很熱但玫瑰仍在綻放。

外婆從痛苦的生活中學到，不論成功或失敗，生活品質的好壞並不影響生命的眞相。有品味的生活必定和喜悅的能力成正比，喜悅的能力則來自全神貫注。

女作家莎彤的美好愛情長跑結束，戀人無情地離開她的生活重心。她在《孤獨者的日誌》（*A Journal of a Solitude*）中記下那一年的心路歷程。書中記錄著某個週末，她和情人鬧得非常不愉快，當她返回空蕩蕩的屋子，「韓國菊花上有道光芒讓我在書房門口駐足，彷彿聚光燈照亮著花，深紅色花瓣和橙黃色花蕊……看著它，彷彿得到一束秋日光芒的傾注。」

「傾注」（transfusion）是莎彤刻意選擇的字眼。失去愛情是個傷口，在她對菊花回應的時候、在她全神貫注的時候，莎彤開始療傷止痛。

全神貫注必定能帶來療癒的效果，起初也許是某種痛苦的療癒，譬如情人分手、子女生病、夢想破滅；但最後療癒的是，深藏在所有痛苦底下的痛苦，也就是人人都感受得到的痛苦，詩人里爾克（Rilke）稱之爲「無可言喻之孤獨」的痛苦。全神貫注是最重要的連結行爲，我學到這個教訓和學到其他事物的方式差不多，皆是純屬意外。

我的第一次婚姻告吹後，我在好萊塢丘找了間孤零零的房子。我的想法很簡單，我要一個人忍受失落感的煎熬，誰也不見，也不讓任何人見到我，直到最痛苦的階段過去爲止。我要單獨散步走遠路，我要受罪。但人算不如天算，我是去散步了，但是和原先的計劃有出入。

屋子後面轉了兩個彎後，我遇到一隻灰色條紋的貓咪，牠住在一幢鮮藍色的屋子裡，還有一隻擺明了跟牠合不來的大牧羊犬。我散步了一個禮拜，這些事想不知道都很難。我

自我從名詞變成動詞，工作和玩樂融合，當下爆發出創造力。

——納姆若維奇

和貓咪偶有來往，之後便長聊我倆皆是寂寞女子的心事。

我們倆都讚賞從籬笆探出頭來的鮭桃非洲鳳仙，我們倆都愛看非洲紫葳在早晨飄落的紫花雨，愛麗絲（某天午後我聽到屋裡喚牠的名字）會舉起爪子撲花。

等到非洲紫葳謝了，玫瑰花園四周圍上了難看的木板條，那時我散步的路程已經多出了一哩路，伴著我的有貓、狗和小孩。等到鮭桃非洲鳳仙消失在籬笆後面後，我已經在更高處找到一幢房子，牆裡是西班牙摩爾風格的花園。我也喜歡上一隻刻薄的鸚鵡，這隻鸚鵡色彩繽紛、冥頑不靈、誇張得不得了，讓我想起離婚的丈夫。痛苦演變成為珍貴的經驗。

談到注意力，我發現自己提到了很多和痛苦有關的事，這絕非巧合。也許別人和我不一樣，但我是從痛苦中學到要全神貫注。在痛苦的時候，未來太可怕不敢深思，過去太痛苦而不願回首，於是我學會全神貫注於眼前的時刻，我所處的當下是唯一的安全所在，將時間一刻一刻分開，才有辦法忍受。每個人在當下那一刻，必然是安然無恙。昨日也許婚姻破裂，明天或許貓咪會死，情人的電話也許怎麼等也等不到；但在當下，就是現在，沒關係，我仍在呼吸。領悟了這一點，我開始注意到，沒有一刻是不美的。

母親過世的那個夜晚，我接到電話，穿上毛衣，走上屋後的山丘。棕櫚樹後升起一輪皎潔明月，那天深夜，月光灑過花園，把仙人掌澆成銀色。現在只要想起母親去世，我就憶起那輪明月。

詩人麥勒迪斯（William Meredith）有個看法，「沒有全神貫注」是最嚴重的指責。

每當想起外婆，我記得她種花種草，每年夏天她都會替自己用印花布做件露背洋裝，總會有一邊褐色的小乳房突然從背心上頭冒出來。我記得她指著屋子下方即將轉手的坡地，她指著底下窪地上的白楊樹叢，說：「馬兒喜歡白楊樹是因爲可以遮蔭，我喜歡白楊樹是因爲這片青綠會變成銀白色。」

上路守則

爲了成爲藝術家，我必須：

1. 寫隨筆，利用隨筆休憩、夢想、嘗試。
2. 照顧內在藝術家才能注入活水。
3. 設定小又容易的目標，並且去達成。
4. 祈求指引、勇氣、謙卑。
5. 記住，和動手做比起來，受創的藝術家更加辛苦且痛苦多了。

畫作有自己的生命，我試著讓生命走出來。

——布拉克（Jackson Pollock，抽象派畫家）

6. 隨時提高警覺，因爲偉大的造物者會引導和幫助我的內在藝術家。
7. 選擇會鼓勵我動手去做的朋友，而不要挑只會談該動手或爲什麼不動手的朋友。
8. 記住，偉大的造物者熱愛創造力。
9. 記住，我份內的工作是動手做，而不是批評。
10. 把這張標語貼在工作場所：偉大的造物者，我負責數量，你負責品質。

作業

1. 肯定、自信地唸守則：每一天、每個早晨和夜晚，安靜下來，專心唸（請見第三十頁）給自己聽。注意態度有沒有改變。自己有沒有拋開懷疑的心態？

2. 你的時間用來做什麼事？列出這個禮拜五項主要的活動，各項活動花了你多少時間？哪些是你想做的事？哪些是不得不做的事？你花了多少時間幫助別人，卻忽略了自己的需求？創意受阻的朋友有沒有使你懷疑自己？

拿一張紙畫個圓圈，在圓圈裡寫下需要保護的項目，寫下你認爲支持你的人名。在圓圈外面，寫下目前在哪些人身邊你需要自我保護。把這張安全圖放在你寫晨間隨筆處的旁邊，利用這張安全圖支持自己獨立自主，並視情況增添圈內圈外的人名。「哦！我現在不該和德克談這些事。」

3. 列出二十項你喜歡做的事（攀岩、滑輪溜冰、烘派、褒湯、做愛、再做愛、騎腳踏車、騎馬、投球接球、投籃、跑步、讀詩等等）。上一次自己從事這些活動，是什麼時候的事？在每一項後面寫下日期。如果有好幾年沒做過最喜歡的事也別驚訝，情況會改善的，這張單子能爲藝術之約提供絕佳靈感。

4. 從上面的單子裡，挑出兩件自己最喜歡卻一直迴避的事，當作本週目標。小事也可以當成目標，諸如買捲底片拍照。記住，目的是要讓你掌控自己的時間，找專屬於自己的空檔，用來做有創造力的小事。在午休時間逛唱片行，即使只有十五分鐘也好。不要以爲等到有空才排得出時間，找些短暫的時間空檔就行。

5. 回到第一週閱讀正面的陳述句，注意哪些句子最能引起反應。通常看似最荒謬的，意義總是最重大。挑出三句，每天在晨間隨筆中寫五次，確定其中一定要有你不加思索就跳出來的句子。

6. 回到上週的假想生活清單，加上五種。再一次，檢查看看能否在目前的生活中多多少少體驗一些片段。如果你列了舞者生活，能不能讓自己去跳跳舞？如果你列了僧侶生活，能不能讓自己退隱於某處？如果你是潛水員，能不能找家水族館逛逛？安

我閉上眼睛是為了要看見。

——高更（Paul Gauguin，法國後印象派畫家）

排一天去湖邊？

7. 生活派：畫個圓圈，把派分成六等份。第一份寫上精神生活，其他分別寫上運動、玩樂、工作、朋友、戀愛/冒險。在每份派上畫個點，標明你在這方面做到的程度（外圍表示很充實，內圈表示不足）。把點連接起來，便可以看出你哪裡失衡。在課程初期，生活派看起來通常很像狼蛛；隨著創造力的恢復，狼蛛會變成曼陀羅。這項工具能讓你注意到生活中貧乏的部分，以及幾乎沒時間顧及的部分。利用你能找到的瑣碎時間來改變現況。

如果你花在精神生活上的時間最少，即使只在猶太教、天主教堂待個五分鐘，都能喚起奇妙的感覺。很多人發現，聽五分鐘鼓樂就能接觸到自己的靈性核心；有些人則是要到溫室走一趟。重點是，只要稍微注意一下貧乏的部分，就能帶來滋養。

8. 十項小小的改變：列出你想爲自己改變的十件事，從小事到大事，從大到小也可以（買一套新床單、去中國、油漆廚房、和爛朋友愛麗絲絕交）。這麼做：

我想要＿＿＿＿＿＿＿＿

我想要＿＿＿＿＿＿＿＿

晨間隨筆慢慢地把我們挪進當下，全神貫注於眼前的生活。重新油漆浴室的微小改變，都能帶來照顧自我的奢華感受。

9. 選一件小事做爲本週的目標。
10. 做上面那件事。

檢查

1. 這個禮拜你寫了幾天晨間隨筆？（記住，我們希望是七天）你有什麼感受？晨間隨筆產生哪些效果？描述一下（例如，「好蠢，寫些雞毛蒜皮的事，看不出道理也毫不相關的東西……」）。記住，如果你還在寫晨間隨筆，就表示有效果。寫出來的哪些事讓你驚訝？在檢查頁上完整地回答這個問題，這是一週一次自我檢視情緒，而不是在檢視進度。即使你寫的都是些無病呻吟或陳腔爛調也沒關係，有時候這樣做對你最有好處。
2. 這個禮拜你赴藝術之約了嗎？記住，藝術之約也是必要的瑣事。你做了什麼事？感覺如何？
3. 這個禮拜還有什麼事對你的復原具有重大意義？描述一下。

Week 3
控制負面能量

這一週也許要應付不尋常的能量爆發，以及極端憤怒、喜悅、哀傷的強烈感受。以往甘心受限的幻覺破滅了，你開始覺得力量上身。你必須刻意嘗試敞開心靈。

憤怒

憤怒是燃料。我們感覺到憤怒，想找點事情做，於是想揍人、摔東西、發脾氣、捶牆壁、破口大罵。但我們是好人，處理憤怒的方式是欺騙、否認、掩飾、防範、隱藏、撒謊、治療、壓抑、忽略。我們什麼都做，就是不仔細聆聽。

聆聽憤怒是理所當然的事，憤怒是種聲音、吶喊、訴願、要求。尊重憤怒是理所當然的。為什麼？因為憤怒是張地圖，憤怒顯示出我們的臨界點，指引我們想前往的方向，讓我們知道自己去過什麼地方、什麼時候不喜歡這些地方。憤怒指引道路，而不只是指著人罵。創造力受阻的藝術家在復原的過程中，憤怒是健康的跡象。

我們應該接受憤怒的影響，而不是發洩怒氣。憤怒指引方向，我們應該把憤怒當成行為的動力，往憤怒指引的方向前進。稍微思考一下，我們通常就能了解憤怒所要傳達的訊息。

「去他的！我能拍出更好的電影！」（這股怒氣說：你想拍電影，就必須學會怎麼拍。）

「怎麼會這樣？我三年前就想到這個劇本，而她居然動手寫了。」（這股怒氣說：別拖了，想法不能在舞台上演，完整的劇本才行，所以動手寫吧！）

我只不過是用了不悅而板臉的能量寫了些藍調音樂。

——艾靈頓公爵（Duke Ellington，爵士樂大師）

「他用的是我的策略，太不可思議了！他占了我的便宜！我就知道應該把資料收集好申請專利。」（這股怒氣說：現在要認眞看待自己的點子，好好處理。）

生氣的時候，我們常常氣自己居然在生氣。生氣該死！怒氣告訴我們，日子不能再這樣過下去了；怒氣告訴我們，昔日的生活已逝；怒氣告訴我們，要重生，生產是痛苦的，而痛苦使我們憤怒。

怒氣的爆發是舊生命已逝的訊息。憤怒是驅使我們走向新生命的動力；憤怒是工具，而不是主宰。憤怒是供和取的泉源，運用得當的憤怒是項利器。

怠惰、冷漠、絕望才是敵人，憤怒不是；憤怒是我們的朋友，雖然不是好脾氣的朋友、不是溫柔的朋友，卻是非常非常忠實的朋友。怒氣總是告訴我們什麼時候被出賣，總是告訴我們什麼時候自己出賣了自己，總是告訴我們什麼時候應該爲自己挺身而出。

憤怒不是行動，而是邀請行動出馬的請帖。

巧合？

禱告應驗很令人驚慌，因爲這意味著責任。你開口要求，現在得到了，你該怎麼辦？否則怎麼會有這句警語——「祈禱宜謹愼，應驗後果自負」？禱告應驗後，球便回到我們手裡，這種感覺並不好受。如果當成是同時發生的例證，會比較容易接受：

- 某女子承認埋葬了演戲的夢想，第二天吃晚餐時，她發現坐在身邊的男子專教菜鳥演員演戲。
- 某作家坦承想進電影學院的夢想，他只撥了通電話試試看，接電話的教授知道這個人，也很欣賞他的作品，答應把最後一個名額保留給他。
- 某女子正在考慮重返校園，她打開信箱，發現她想就讀的那所學校來信要她申請。
- 某女子正想怎麼租一部她沒看過的罕見影片，兩天後就在住家附近的書店找到了。
- 某生意人秘密寫作了好幾年，他對自己發誓要找位職業作家評估他的才能。第二天晚上，他在打撞球時認識一位作家，不但成爲他的心靈導師，還和他合作寫了幾本暢銷書。

我的經驗是，我們眞的很怕有神的存在，反而比較不怕神不存在。類似上面的事發生在我們身上，我們卻斥之爲純屬巧合。大家老是說沒有神是多可怕的事，我覺得這種話都是隨便說說。當沒有人盯著我們看的時候，多數人都會感覺比較舒坦。

如果神不存在（我並非專指基督教義的觀念，而是一股全能全知的力量），我們就解脫了，不是嗎？沒有上蒼的懲罰，沒有上蒼的慰藉，如果所有的感覺爛透了——啊，很好。不然，你覺得應該怎樣？

人向神走一步，神走向那人的步數超過時間世界裡的砂子數量。

——古戰車之作（The Work of the Chariot）

你為宇宙冒險，宇宙會獎賞你。

——高文

據說意外事件被有備而來的心智撞見，就成了發現。

——季歐吉（Albert Szent-Gyorgyi，匈牙利生物學家、諾貝爾醫學獎得主）

你有沒有觀察過意外發生在哪些人身上？機運只偏袒有備而來的心智。

——巴斯德（Louis Pasteur，法國科學界巨擘）

我對期待性的問題很感興趣。如果沒有神，或者如果神對我們的瑣事興趣缺缺，事情就可以這麼繼續下去，我們就可以理直氣壯的宣稱有些事自己做不到，有些事不公平。如果有神、或沒有神，世界才變成這個樣子，我們就可以變本加厲地憤世嫉俗，事事漠不關心。有什麼用？爲什麼要試著改變任何事？

有用。如果有股回應的力量聽到我們的心聲，爲我們挺身而出，我們也許眞能做出點成績來。簡單地說，把戲被拆穿了：神知道夢想可以比天高。誠實的人會說：不怕不可能，只怕有可能；自由比任何監獄都可怕。事實上，如果眞的有一股超乎自己的力量介入生命中，我們也許非得採取行動，去實現以往認爲不可能成眞的夢想。

我們塑造生命，不論是認爲有內在神力，或另有外在的神都不重要，仰賴那股力量才是重點。

「請求，就給你們。叩門，就給你們開門……」這些話被說成是出自耶穌基督之口，屬於比較不討喜的幾句，好像是要運用科學方法：請求（實驗），看看會發生什麼事（記錄結果）。

難怪我們對應驗的禱告沒有信心，我們總說那是巧合、是運氣，我們冠上了一堆名稱，就是不說——這是神的手，這是善；是我們爲最眞實的夢想挺身而出時、當我們全心奉獻自己的靈魂時所激發出來的。

機運的力量永遠強大，隨時準備好釣鉤，魚總是出現在你最意想不到的水池裡。

——奧維德（Ovid，羅馬詩人）

即使是最羞怯的生命，也有這種投入的時刻：「我一定要買張新的雙人沙發！」結果，「我找到完美的沙發椅。我從沒遇過這麼怪的事。我去貝阿姨家，她的鄰居正好在拍賣家中不用的物品，她有張好棒的雙人沙發，而她的新婚丈夫對這張沙發過敏。」

放大生活層面，這類時刻就會突顯，壯觀如羅斯摩爾山（即刻有四位美國總統雕像的山）：路易斯和克拉克前往北美洲西部探險；丹妮蓀（Isak Dinesen，《遠離非洲》的丹麥女作家）遠赴非洲。我們都有自己的非洲，黝暗浪漫的念頭呼喚著最深沉的自我。當我們回應這項召喚並獻身於這項呼喚時，就啓動了榮格所謂的「同時性」，其大致上的定義是：事件巧合地相互交織。我們在六〇年代稱之爲「意外收穫」。不管怎麼稱呼，一旦創造力開始恢復，隨處可見的巧合便會令你吃驚。

如果你不想把這當作一回事，也沒什麼好奇怪的，因爲這種觀念讓人覺得備受壓迫。儘管榮格論及同時性的文章是他的中心思想，但有許多榮格學派的人都視之爲次要議題；他們認爲這和他對《易經》的興趣一樣怪異，不值得太重視。

榮格也許對他們有異見，他跟隨自己的內在，經歷了也形容出有些人寧可視而不見的現象：宇宙有可能兼具智慧和回應能力，在我們的喜好中行動和反應。

以我的經驗來說，確實如此。我學到的基本原則是，絕對不要問自己能不能做到，應該要說我正在做。接著就繫好安全帶，最不可思議的事即將登場。

女演員茱莉安娜．麥卡錫（Julianna McCarthy）一直這樣提醒我：「神很能幹。」宇宙分發禮物的巧妙手法，常讓我讚歎不已。

大約六年前，我有齣劇本被選中在丹佛中心的表演藝術節做大型的舞台劇朗讀。我在寫這劇本時，心裡就想要朋友茱莉安娜擔綱演出，她是我心目中的理想人選，但我到丹佛時，演員已經全部敲定。我一見到女主角人選，心裡就開始嘀咕，我跟導演說感覺不對勁。他保證她是個專業好手，但我仍覺得不太妙。果然沒錯，就在開演前一個禮拜，我們的女主角突然辭職——她辭演了我的劇本，也辭演了已上演一半的《繪教堂》（Painting Churches）。

丹佛中心不知如何是好，又深感歉意，他們怕突然換角會破壞了我的劇本。他們問我：「在最完美的情況下，你會找誰演？」我跟他們說：「茱莉安娜．麥卡錫。」

茱莉安娜受聘由洛杉磯搭乘飛機前來，丹佛中心的導演一看到她的表演，不但請她演出我的劇本，也請她接演《繪教堂》，她成爲劇中的傑出角色。

「神在賣弄祂的本事。」我笑著對茱莉安娜說，很開心她終於有機會演出「她的」劇本。

在我的經驗裡，宇宙總是讚賞有價值的計劃，尤其是歡樂又有規模的計劃。我只要能想出妙計，便幾乎都有辦法做得到。要知道，一定是先想要，然後再想該怎麼做。先選好渴望，請求，相信，接受。

——曼恩

你要做什麼事，你自然就會知道該怎麼做。

人們在討論創作時，總是太過於強調策略。新手入行時，大家都勸他們要不擇手段。我覺得這根本是胡扯。如果你問一位藝術家怎麼會有現在的成就，他會說是運氣很好，而不會說是一步步闖出名堂。神話學大師坎伯（Joseph Campbell）稱這種運氣是，「一千隻看不見的手在幫忙」。我則稱之爲心想事成，我建議你把希望放在心想事成上。

記住，創造力是一種部落式的經驗傳承，長者會啓發在途中巧遇的天才晚輩。這聽起來好像是一廂情願的想法，其實不然。有時候，輩份高的藝術家即使心裡不願意，也會伸出援手：「我不知道爲什麼要爲你做這些事，但是……」再說一次，我認爲某些助力可能已超越了人類的能力。

我們喜歡假設追隨夢想是件難事；事實上，有那麼多扇門爲你而開，想不走進去才困難。捨棄夢想，夢想會回來找你；只要你願意再次追隨夢想，第二扇神秘之門就會開啓。

宇宙的助益絕不含糊，我們卻不敢大方接受，收到禮物還嫌棄，經常退還給寄件人。我們以爲自己怕失敗，其實我們更怕成功的可能。

向夢想邁進一小步，就能看到心想事成的大門咻地敞開。畢竟要眼見爲憑才行。若你看到自己實驗的結果，你就不需要相信我。記住那句箴言：「跳下去，安全網自然會張開。」莫瑞（W. H. Murray）在《蘇格蘭人喜馬拉雅山探險記》中提到他的探險經過：

真正的起頭始於我們內在，即使是外在的機緣讓我們注意到它們的存在。

——布瑞奇（William Bridges，商業界顧問）

除非全心投入，否則便會猶豫不決，有可能中途退出，且必定徒勞無功。至於所有起步（或創造）的動作，有一條基本眞理，忽視這項眞理將會斷送數不清的點子和精彩的計劃：在你全心投入自己的當下，天意會同時啓動。本來不可能發生的事都會出現來幫助你，那個決定衍生出一連串事件，事事都對你有利，還有那想都想不到的機緣和物質協助也都會出現。

如果你不相信莫瑞，也不相信我，也許你願意相信歌德，畢竟他是政治家、學者、藝術家、見多識廣之人。歌德對天助自助者的看法是：

> 不論你認爲自己能做或相信自己能做什麼，動手去做，行動會產生魔法、恩典和力量。

羞愧

有些人會想：「如果動手做有那麼容易，我現在就不會在看這本書了。」在行動之前因爲害怕而不敢動彈的人，往往是受到宿敵——羞愧的殘害。羞辱是控制人的手段，羞辱他人便是試著防止某人做出讓我們難堪的事。

一樣事物必須付出的代價，是我稱之為用生命交換的數額，也許是立刻、也許是很久以後才會看到。

——梭羅

創作一件藝術作品很像是訴說家庭秘密，而訴說秘密本身就涉及了羞愧和害怕。問題在於：「他們知道這件事之後，對我會有什麼看法？」這是個令人害怕的問題，如果我們曾經因爲好奇而探索過社交、性事、心靈的事，更是會覺得羞愧。

「你好大的膽子！」天眞的孩子無意間發現家中秘密時，常常會被憤怒的大人斥責。（你怎麼敢打開媽媽的珠寶盒？你怎麼敢打開爸爸的抽屜？你怎麼敢打開臥室的門？你怎麼敢下去地窖、爬上閣樓、走進暗處？我們不想讓你知道的東西全都藏在這些地方。）

藝術創作是向社會揭露社會本身，藝術把事情攤在陽光下，照亮我們，在殘留的黑暗處灑下光芒，在自己內心的黑暗處射進一道光，問：「看到了沒？」

當人們不想看見某樣東西時，只要有人秀給他們看就會生氣，他們會殺了傳話者。酗酒家庭的子女會在學業或性事方面遭遇困擾，之後家庭被貼上問題標籤，孩子因爲使家人蒙羞而感到慚愧。是孩子使家人蒙羞嗎？不，孩子把慚愧的事攤在陽光下，是家裡羞於見人的事發生在先，造成孩子的憂傷。「鄰居會怎麼想？」這種羞辱手段是爲了使病態繼續下去。

藝術打開櫃子，讓地窖和閣樓的空氣流通，並且帶來療癒。但是要療癒傷口之前，必須先看到傷口。把傷口曝露在空氣和光線下的行爲、藝術家的行爲，得到的反應往往是羞辱。對許多藝術家而言，主要的羞辱來自惡劣的批評。事實上，許多批評也是以羞辱藝術家爲目標。「丟臉！你怎麼敢做出這種爛藝術品？」

童年因爲任何形式、任何種類的探索、任何期待，而遭受過羞辱的藝術家，即使沒有羞辱性的批評，也會自然而然地感到羞愧。小時候如果曾因自以爲有才華而被恥笑過，其實際完成一件藝術品的行爲便會伴隨著內心的羞愧。

許多藝術家動手做作品，進行得也很順利，結果在接近完成時，不知怎麼的，怎麼看都看不出作品好在哪裡，因而認爲根本不值得再花功夫。在治療師眼裡，突然喪失興趣（「無所謂」）是否認痛苦和防止受傷的慣用手法。

出身自不健全家庭的成年人，很善於用這套應付手法。他們稱之爲疏離，其實是日漸麻木。

「他忘了我的生日，唉，這也沒什麼大不了的。」

想被重視的需求一直沒有人在乎，一輩子都是這種經驗，孩子在小小年紀就已學到，想引人注意是危險的行爲。

某位復原中的藝術家希望有所成就以博得原生家庭的讚賞，但卻徒勞無功，她形容這是「把隱形骨頭拖回家」。「不管我有多了不起，他們從來不在乎，總是挑得出毛病。我每一科成績都是甲，只有一科乙，他們就只會注意得乙的那一科。」

難怪年輕藝術家總是試著以成就某事（好壞都行），來引起父母的注意。年輕人面對當我們不再試圖去認同自己或他人的模式，而是學著做自己，敞開我們的自然管道，才能發現自己特有的天分。

——高文

冷漠或盛怒，很快便學會沒有哪一根骨頭能獲得父母的讚同。

創意人常常被冤枉地羞辱，我們從羞辱中學到創造是件錯事。這教訓一學到就馬上被遺忘。羞愧躲在「無所謂」背後活下去，等待我們重新努力時再出來附身。創造藝術的行爲，反而成了創造羞愧的行爲。

所以有那麼多學生影片沒送到影片節公開放映，所以好的小說被毀了或鎖在書桌抽屜裡，所以劇本沒寄出去，所以天才演員不參加試鏡，所以藝術家承認自己的夢想而覺得慚愧。內心的藝術家永遠是創意小孩，長大後的我們又被勾起羞愧感，導致創作藝術使我們感到羞恥。

創作藝術時通常不會先顧及最後的批評，若批評家提出「你怎麼可以做這種事？」之類的問題，藝術家便會覺得像小孩般受到羞辱。才開始動筆的作家聽到好心朋友的建設性批評，從此封筆。

讓我把話說清楚，並非所有的批評都是羞辱。事實上，即使是最嚴厲的批評，只要切中要害、只要能爲藝術家指引出新的可行之道，就能在心裡引起一陣歡呼。中傷、不屑、奚落、譴責的批評，不僅口出惡言又含糊其辭，令人很難反駁，這種批評才最傷人。

藝術家遭受這類批評的羞辱後，可能會創意受挫或不再發表作品。講求完美主義的朋友、老師、批評家，就如同完美主義的父母，連少打個逗點都要挑剔，會澆熄年輕藝術家

開天闢地以來，沒有創造出和你一樣的本體，所以你舉世無雙。

——優蘭

我建造了自己的世界，遠遠勝過我從外面看到的世界。

——奈佛遜（Louise Nevelson，雕刻家）

剛剛點燃的熱情。因此，身爲藝術家的我們，必須學著好好保護自我。

這個意思是不能夠批評嗎？不，這表示要學著在對的地方、對的時間，找尋正確的批評。身爲藝術家，我們務必學習批評的適當時機和批評的人。批評的來源和時機點同樣重要。初稿只適合給最溫和、最有眼光的人過目，往往只有藝術家才看得出來初期作品的潛在面貌。沒經驗或太刻薄的批評眼光不但不能扶持藝術嫩芽，反而會連根拔起。

身爲藝術家，我們不能控制所有的批評，我們無法使專業的批評人士比目前更正常、更仁慈、更有建設性，但我們能學著安慰自己的小小藝術家，不要爲不公正的批評而難過。我們能學著找尋可以放心訴苦的朋友。在藝術受到摧殘時，我們要能學著不否認，也不要壓抑情感。

藝術需要安全的孵化場所。在理想的情況下，藝術家首先在家庭中找到，接著在學校，最後才在朋友和支持者所形成的團體中。但這種理想很難實現。我們身爲藝術家，必須學著創造自己的安全環境，學著保護自己的小小藝術家不受羞辱。當我們能做到下面幾點時，就可以達到目標：抹去兒時遭受的羞辱，訴諸紙筆，與可靠又不辱罵人的人分享。

以藝術爲中心，訴說我們羞愧的秘密。透過藝術訴說羞愧的秘密，才能將自己和他人從黑暗中釋放出來。有些釋放未必會被接受。

我們必須懂得，當藝術揭露人類靈魂的秘密時，觀賞者可能以這項作品爲由而羞辱我們。

「這太可怕了！」他們也許會說出這種話來攻擊作品，但作品本身並沒問題。這很令人困惑。當我們聽到「太丟臉了」，也感覺丟臉時，必須學著辨識這種羞辱是童年羞辱的再現。

「我知道這是好作品……我原本以為作品很好……是我在騙自己嗎？……也許批評的人說得沒錯……我是吃錯藥了，怎麼會認為……？」至此跌入萬丈深淵。

在這種時候，我們必須堅定自我，不要有任何懷疑，絕對不要記住第一個負面想法。拾起第一個懷疑，就如同酗酒者第一次喝酒。一旦懷疑進入身體，組織就會衍生出另一個質疑，而且是一個又一個。質疑是可以阻止的，但是要靠警覺心。「評論家說得也許沒錯……」砰，我們必須採取行動：「你是好的藝術家、勇敢的藝術家，你表現得很好，你的創作是件好事……」

我執導的浪漫喜劇電影《上帝的旨意》在華府首映，這是我的返鄉之旅，因為《華盛頓郵報》是我在新聞界的第一份工作。我原本期望回到故鄉會受到熱烈歡迎，但首映之前刊出的影評卻令我不解。

郵報派了一位小姐來，整部電影都在談劇場人，結果她寫成這是一部談電影人的電影。此外，她還加上一句，我的對白「大多」是剽竊自《北非諜影》。不知道她看的是哪

讓我死不了的事只會使我更堅強。

——卡繆（Albert Camus，法國小說家、哲學家、戲劇家、評論家）

部電影，應該不是我拍的那部吧？我的電影開了劇場四十幾個玩笑，其中只有一句對白開了《北非諜影》的玩笑。這些都是事實，但對我一點幫助也沒有。

我覺得難堪和羞辱，準備去死（差一點）。

愛護自己和誇獎自己是羞辱的解藥，所以我就吃了解藥。我漫步穿過岩溪公園，我祈禱，並且替自己列出過去獲得的稱讚和好評。我沒對自己說「沒關係」，但我對藝術家自我這麼說：「你會療癒。」

我在首映場現身，電影比影評預期的更成功。

三個月後，我的片子被選中參加一場頗具盛名的歐洲影展，主辦單位提供來回機票，負擔一切開銷，並播放我的影片。我猶豫不決，在華府受辱的陰影慢慢在腐蝕，讓我不敢去。

我當然清楚不能不去。我花了許多年時間重拾藝術，我知道去就對了。當我去參加影展時，不僅我的影片賣了個好價錢，同時也登上《綜藝版》的頭條。

我要分享頭條標題，因爲我看出其中的嘲諷意味。「上帝的旨意降臨慕尼黑造成轟動」，報上這麼刊著。

是「上帝的旨意」要我們創作。

點亮靈魂的話語比珠寶更珍貴。
——哈茲拉特（Hazrat Inayat Khan，蘇菲教派創始人）

應付批評

分辨有用和沒用的批評，是很重要的。分辨通常是爲了自己，而不是爲了公開辯護，藉此受益。身爲藝術家的我們，做好這件事的本領遠超過大家的想像。倘若尖銳的批評是正確的，藝術家的心裡往往會鬆了一口氣：「啊哈！原來是這裡有問題。」有用的批評最後留給我們一片拼圖，讓作品能更加完整。

相反的，沒用的批評則留下被亂棒打到的感覺。這類批評向來給人難堪和羞辱，內容模稜兩可，指責中夾帶人身攻擊，不分對錯全說得一無是處。不負責任的批評讓人完全沒有收穫。

你在和內在小孩子打交道，對小小藝術家施虐會引發叛逆，叛逆則會造成阻礙。對付暴虐性批評的唯一方法，就是療癒。

應付任何形式的批評，有幾條守則很實用。

1. 完全接受批評，然後置之不理。
2. 把困擾你的觀念和字句寫下來給自己看。
3. 記下看似有幫助的觀念和字句。
4. 好好幫自己打氣，讀一讀以前的佳評或回想某句誇獎。

事事追求完美的藝術家將一事無成。

——德拉克洛瓦（Eugène Delacroix，法國浪漫主義大師）

5. 記住，即使作品眞的很糟糕，也許這正是通往下一件作品必須經過的墊腳石。藝術成熟的過程起伏不定，需要經歷醜小鴨階段。
6. 再看一次批評，這會讓你想起以前聽過（尤其是童年時遭受的羞辱）的批評嗎？向自己坦承，現階段的批評揭開了昔日傷口的痛處。
7. 寫封信給評論家（應該是不會寄出去的信），爲自己的作品辯護。同時，如果一部分的評論確有道理，就要坦承受到幫助。
8. 重新出發，馬上向自己承諾要做一件有創意的事。
9. 動手做，創造力是治療批評的唯一良藥。

練習：偵查工作

許多思慮受阻的人，大多擁有很強烈和有創意的個性，卻因爲本身的能力和才華而感到罪惡。他們的才能沒被彰顯，反而被家人和朋友當成蓄電池，任意利用他們的創造能量，任意貶損。當創意遇到瓶頸的藝術家試著掙脫自己不健全的心態時，就會有人在不適當的時機勸他們要講道理。他們因爲自身的才華而深感內疚，往往遮掩自己的光芒以免傷害別人，結果受傷的總是自己。

追蹤一下，找回被拋棄的人，也就是我們自己。完成下列句子後，由於重拾記憶和錯置的部分自我，你的情緒也許會有強烈感受。自由聯想以下每個題目。

1. 我兒時最喜歡的玩具是……
2. 我兒時最喜歡的遊戲是……
3. 我小時候看過最好看的電影是……
4. 我喜歡做但卻很少做的事是……
5. 如果我能稍微放輕鬆，我會讓自己去……
6. 如果還來得及，我會……
7. 我最喜歡的樂器是……
8. 我每個月花費在自己娛樂消遣的金額是……
9. 如果我對我的藝術家不那麼小氣，我會買……送他／她
10. 保留時間給自己是……
11. 如果開始作夢，我怕會……
12. 我私底下喜歡閱讀……
13. 如果我有個完美的童年，我長大後會變成……
14. 如果看起來不那麼瘋狂，我會寫或做……

把生命掌握在自己手裡，會發生什麼事？可怕的事：沒有人可以怪罪了。

——愛瑞卡·鍾（Erica Jong，作家）

15. 我的父母認爲藝術家是……
16. 我的神認爲藝術家是……
17. 復原讓我覺得……怪怪的
18. 學著信任自己可能會……
19. 最令我開心的音樂是……
20. 我最喜歡的穿著是……

成長

成長是詭異的前進運動——前進兩步，後退一步。記住這一點，對待自己要很溫柔。恢復創造力是一段療癒的過程，禮拜二做出了不起的事，禮拜三可能又退步了，這是正常現象。成長會突然加速。你偶爾會躺下冬眠，但不要喪氣，就當作是休息。

你經常會這個禮拜有所領悟，下個禮拜卻沒有進展。晨間隨筆看起來沒什麼意義。絕非如此！不管你有多累、內容有多無聊，都要寫下去。你學到的是，在白紙黑字中休息，這點非常重要。馬拉松選手會建議你，每快跑一哩就要慢跑十哩，創造力也是如此。

從某方面來說，輕鬆做才是標準做法，這意謂著「輕鬆完成」。如果你堅持每天早上寫三頁、每天爲自己做件好事，就會發現自己的心情輕鬆愉快。

有一股活力、一股生命的力量、一股能量、一種悸動，透過你而轉化成動作，因為從古至今只有一個你，這種表達方式獨一無二。如果你阻擋這個表現，它永遠不會透過其他方式而存在，將永不見天日。

——葛蘭姆

（Martha Graham，舞蹈家）

練習用具體的方式爲自己做件小事。看看冰箱，你有給自己吃好東西嗎？有襪子穿嗎？有多餘的床單嗎？在家裡擺盆新花草？要開很久的車才到上班地點，有沒有買個保溫瓶放在車上用？允許自己丟掉些破舊衣物，不要什麼東西都留著。

「天助自助者」的成語有非常不同的新詮釋，以前解讀成「老天只幫助自己先努力的人」；現在的意義則是，只要對自己好一點，造物者就會免費送出許多小禮物。如果你每天爲自己做件好事，神就會多做兩件。要隨時注意，支持和鼓勵會從意想不到的地方冒出來。要敞開心胸，從不尋常的管道接收禮物：免費的入場券、免費的旅行、請吃晚餐、新到手的二手沙發。練習接受這類幫助。

有科學精神的讀者不妨徹底列出你想要的衣服清單，單子上的衣服會以措手不及的速度變成你的，這種事常發生。試試看，做個實驗嘛！

最重要是實驗獨處。你必須保證挪出安靜的時段，試著養成問自己的習慣，每天找幾次機會問自己：你現在覺得如何。聆聽你的答案，和藹地回應。如果你正在做很困難的事，答應自己待會要休息，並在事後犒賞自己。

是的，我是在請你珍視自己。我們以爲當藝術家就必須吃得了苦、要憤世嫉俗、要冷漠理智，這些事留給批評家去做就好。有創意的你想要多做些作品，就要哄自己開心，而不是欺負自己。

如果要我在兩件壞事之中挑一個，我一定會選擇還沒試過的那一件。

——蕙絲（Mae West，電影明星）

作業

1. 描述兒時的房間。如果你想的話，可以把房間畫出來。你最喜歡房間的哪一點？你最喜歡現在房間的哪一點？還是都不喜歡？那就擺一樣喜歡的東西進去——也許從小時候的房間拿一樣來。
2. 描述你最喜歡自己小時候的五項優點。
3. 列出五項小時候的表現（七年級成績全部是甲，訓練小狗，揍班上的惡霸，幫神父鋪床單）。

請客：列出五樣兒時最喜歡的食物。這個禮拜買一種給自己吃。可以吃香蕉果凍，沒問題。
4. 習慣：看看自己的習慣。很多習慣會使你不能愛護自己，又引起羞愧，有些很奇怪的事會摧殘自我。你習慣看自己不喜歡的電視節目嗎？你習慣和無趣的朋友相處以殺時間嗎？（這個「殺」用得好！）有些是明顯、公開的壞習慣（喝太多酒、抽菸、以吃代替寫作）。列出三項顯而易見的壞習慣，若繼續下去要付出什麼代價？

有些壞習慣比較看不出來（沒時間運動、祈禱的時間太短、總是在幫別人、不照顧自己、和看不起自己夢想的人在一起），列出三個潛在敵人，這種破壞形式有什麼用處？寫清楚。

5. 列出栽培你的朋友姓名——是「栽培」（讓你覺得自己有能力、有機會），而不是協助（讓你以爲沒有他們的幫助，你會永遠搞不清楚狀況）。接受幫忙和被當成無助是兩回事。列出三位栽培你的朋友，他們的哪項優點對你特別有幫助？

6. 哪位朋友認爲你眞的又好又聰明，會有一番成績，打電話給這位朋友。復原的過程中需要尋找支持，在做新的嘗試時，這股支持的力量非常關鍵。

7. 內在羅盤：每個人都有個內在羅盤，這股直覺會指引我們走向健康。當我們身處險境時，內在羅盤會發出警訊；當我們平安美好時，則會讓我們知道。晨間隨筆是連結內在羅盤的一種方式，其他藝術腦活動，如繪畫、開車、散步、擦洗、跑步，也能連結上。這個禮拜花一小時做一件藝術腦的活動，追隨你的內在羅盤，聆聽冒出來的洞見。

8. 列出五位你佩服的人。現在列出五位你私底下佩服的人，這些人有哪些優點是你希望替自己培養的？

9. 列出五位你想遇見的古人。現在列出五位已經作古的人，你想在永恆中和他們相處一段時間的人，這些人有哪些優點是你想在朋友身上找到的？

10. 比較這兩份名單，看看你眞正喜歡和眞正佩服的是什麼，並且看看你覺得自己應該

創作是玩耍，運用自己挑選的形式作為材料，自由發揮。

——納姆若維奇

創造力是……看見尚未存在的東西，你必須想辦法讓其成形。想做到，就要和神一起玩耍。

——席雅

（Michele Shea，攝影家）

喜歡和佩服什麼。你也許應該佩服發明家愛迪生，但你的心卻屬於藝術家胡迪尼。花點時間和喜歡胡迪尼的你站在同一陣線。

檢查

1. 這個禮拜你寫了幾天晨間隨筆？你有什麼感受？如果有一天沒寫，為什麼？
2. 這個禮拜你赴藝術之約了嗎？（有，有，糟糕得很）你做了什麼事？感覺如何？
3. 這個禮拜你有心想事成的經驗嗎？是什麼事？
4. 這個禮拜有什麼事對你的復原很重要？描述一下。

Week 4

重拾眞誠感

這一週可能會因爲自我定義的改變而掙扎。文章、作業和練習的目的，是爲了讓你快速投入成果豐碩的省思和一個新的自我意識的整合，此事兼具難度和刺激。警告：不可省略「不閱讀」這項工作。

每幅畫都有各自的演化方式……畫作完成時，主題便會自行展現。

——巴齊歐第（William Baziotes，畫家）

眞正的改變

晨間隨筆讓我們開始釐清眞正情感和表面情感之間的差別，前者往往是秘密，後者則是公開展現的紀錄。「對於（失業、她和別人約會、父親過世……），我覺得還好。」這種話表達的通常是表面情感。

「我覺得還好。」是什麼意思？晨間隨筆強迫我們說清楚講明白。「我覺得還好。」是我覺得認命、接受、舒服、疏離、麻木、忍耐、開心、滿意？到底是什麼意思？「還好」一詞是多數人使用的保護傘，能遮掩各種剪不斷理還亂的感覺，往往代表著失落。我們表面上覺得還好，眞的嗎？

想成功恢復創造力，必須先下定決心戳破否認的假象。不要再用「還好」來代替眞話，晨間隨筆迫使我們說出眞話。

這些年來我觀察大家寫作晨間隨筆，注意到當不愉快的部分即將清楚浮現時，很多人會刻意忽略或放棄晨間隨筆。舉個例子，假如我們非常、非常生氣，在不肯承認的情況下，很容易會說出「還好」。晨間隨筆不讓我們逃避，所以我們就迴避寫隨筆。

如果有種不祥的感覺，覺得情人對我們有所隱瞞，晨間隨筆會引出壞事發生的可能；接下來，就得進行難以啓齒的對話。與其面對這種混亂的場面，倒不如破壞晨間隨筆。

相反的，如果我們突然瘋狂地談起戀愛，晨間隨筆似乎會令人忐忑不安。我們不想戳破脆弱卻閃亮的幸福泡沫，寧可迷失在喜悅的雙人汪洋中，也不要想到在短期內，「我們」之間的那個「我」是盲目的。

簡單的說，任何極端的情感往往是迴避隨筆的動機，而處理感情正是晨間隨筆的拿手好戲。

就像有跑步習慣的運動員，哩數跑不足時會感到焦躁不安；寫慣晨間隨筆的人，一旦放下不寫，也會顯得焦慮。我們總是倒因爲果，不說：「因爲沒有寫，所以心情惡劣。」反而說：「因爲心情惡劣，所以沒有寫。」

經過一段時間，晨間隨筆爲心靈進行整脊療法，重新排列價值觀。如果我們偏離了眞實的自我，隨筆便會指出調整的必要，我們會覺察自己的偏差並加以修正——只要能讓隨筆閉嘴就好。

隨筆不但忙著指點自我，還要說：「忠於爾之自我。」米琦原是一個畫家，她就是在隨筆中第一次發現自己想寫喜劇。難怪她的朋友都是作家，她自己也是呀！

契訶夫的忠告是：「要從事藝術，得先從事生活。」換句話說，要表達自我，必須先擁有自我，才能表達，而這正是晨間隨筆的功能：「我自己覺得這樣……那樣……這樣……別人的看法不需要和我一樣，但這是我的感覺。」

除去生命中多餘的事物，改掉一個習慣，做一件讓自己覺得沒有安全感的事。

——費魯奇（Piero Ferrucci，義大利哲學家）

認同自我的過程，勢必有得有失。我們發現自己的界限，這些界限定義出我們和他人的區隔。在澄清觀念的同時，也會失去錯誤的觀念；在消除模糊的同時，也會失去幻覺。我們覺得清楚明白，而清楚造成了改變。

晨間隨筆中也許會出現「這份工作不值得我做下去了」。起初這會是個擾人的念頭，過一陣子變成要你行動的呼籲，接著便計劃採取行動。

「這段婚姻走不下去了。」晨間隨筆這麼說，接著是「要不要進行婚姻諮商？」然後是「是不是連我都覺得自己很悶？」

晨間隨筆除了提問題，還提供答案。「我覺得自己很悶，那麼去學學法文應該會很有意思。」或是，「我在馬路口看到黏土和纖維課的招牌，看起來挺有趣的。」

當我們發現有些朋友很無趣、有些狀況令人窒息，此時，悲傷如潮水般襲來。也許我們想恢復以往的錯覺，想假裝友誼是萬靈丹，我們不想經歷換工作的創痛。

面對眼前的變化，這個我們親手啓動的變化，我們想反抗、想縮成一團、想放聲痛哭。「沒有痛苦，就沒有收穫。」這句討厭的諺語說得眞好。不管有什麼收穫，我們都痛恨這種痛苦。

「我不想提高自己的意識！」我們哀號著，「我要……」幸虧有了晨間隨筆，我們才知道自己要什麼，最後願意爲改變而努力。但我們避免不了發脾氣，也避免不了*kriya*。

勿想勿談，凡事皆明瞭。

——禪典（Zen Paradigm）

*kriya*是梵文，代表心靈的突發狀況或讓步（我一向把*kriya*想成是心靈癲癇發作。如果拼成*crias*會更好，因爲這是靈魂在經歷改變時所發出的哭喊）。

我們都知道*kriya*是什麼模樣——是和情人分手後立刻患了重感冒，是明知事情做不完還硬撐所引起的傷風和支氣管炎。你的兄弟姐妹在酗酒，你把他們一個個照顧好，氣喘就莫名其妙發作了，這也是*kriya*。

*kriya*總是蘊含重大意義，往往會讓身心失調。我們在受到傷害之後，*kriya*對心理的羞辱是最後一擊，*kriya*在問你：「懂了沒？」

你要懂得：

不能和施暴的情人繼續來往。

不要再做一週八十個工時的工作。

不肯自救的兄弟已無藥可救了。

在實施十二步驟的團體中，*kriya*常被稱之爲讓步，大家學著放手。如果知道自己緊抓住什麼不放，當然可以放手。晨間隨筆就定位，藝術之約啓動，收音機就會有百分之五十的機會收到你發送和/或接收的訊號。晨間隨筆會圍捕老面孔的嫌疑犯，隨筆會提出我們我們從事的藝術都是在拜師學藝。生命才是偉大的藝術。
——李查茲

故意忽略的小傷痛，以及我們不肯承認的成就。簡而言之，晨間隨筆揭露了真實面——這是你的感受；你是怎麼做到的？

我們用藝術做到的。

大家總以爲創意的生活建立在幻想的基礎上；但事實是殘忍的，創意建立在現實、細節、專注、觀察入微、特定想像的基礎上。

當我們對自我、對價值觀、對生命狀況不再抱著含糊的態度時，才能在當下有所作爲，尤其在此刻才能接觸到創意自我。只有經歷過獨處的自由，才能有名副其實的接觸；否則便只是捲入其中，而不是面對面相逢。

藝術存在於相逢的時刻：面對自己的眞實，就能面對自我；面對自我，就能面對自我表達。我們變得見解獨特，因爲我們變得明確：這是作品不斷湧現的根源。

在獲得或重獲創意自我的同時，我們失去了原本費心維護的假我。失去假我會造成創痛：「我再也不知道我是誰，我不認識自己。」

記住，越是不知道自己身在何處，越能確定你的復原過程已經開始。你是自己的樂土，是自己全新的疆域。

由於自我認同的轉變，品味和知覺往往也隨之改變。最能顯示有好事發生的跡象是，有股要除去、整理、拋棄舊衣物、文件、物品的衝動。

不是因為事情困難所以不敢做，而是因為不敢做所以事情才困難。

——塞內卡

（Seneca，羅馬哲學家）

我們丟棄低自尊的襯衫時說：「我再也不需要這件了。」把梳妝台捐出去時說：「我受不了這張壞掉的梳妝台，和塗上去的十六層油漆。」

丟棄不能用的舊東西，才能空出地方放合適的新東西。塞滿舊衣服的衣櫃，擺不進新衣服；屋裡擺滿不知哪天會用到的亂七八糟小東西，而沒地方放能使今天過得更精彩的物品。

一旦有了搜尋和丟棄的衝動，就會出現兩股力量的拉鉅戰：原來的你傷心且要遠離，嶄新的你要歌頌、要成長茁壯。凡是絕裂的局面，都會同時出現緊繃和放鬆的情緒。深埋在心中的沮喪猶如浮冰般崩裂，僵化已久的感覺解凍、融化、湧流而下、泛濫成災、流出容器（你）之外。你可能覺得自己輕快了起來，而且可以改變——正是如此。

要有心理準備，你會大哭大笑，在突然感到失落時會頭暈目眩。想像自己出了車禍，正要離開出事現場：以前的生命已經被摧毀，新生命又尚未開展；你可能覺得暫時沒有車子可以開，但繼續走下去就是了。

這段文字若看起來太誇張，只不過是爲了要你準備迎接可能產生的情緒爆發。這或許不會發生在你身上，你的改變也許會像雲彩般變化，從烏雲密佈變成多雲的天空。重要的是，不論你以什麼形式成長，還有另一種更緩慢、更難以察覺的變化在一天天累積，不論你有沒有感覺，它都存在。

藝術作品要永垂不朽，必須掙脫所有人類的極限：邏輯和常識只會礙事，一旦破除這些障礙，即步入童年願景和夢想的境界。

——基里訶（Giorgio de Chirico，義大利畫家）

「我沒發生什麼大不了的事，我覺得有些步驟沒有效。」在我眼裡，說這種話的人，其變化和光速一樣快，但他們卻常常這麼說。我的比喻是，一旦開始進行晨間隨筆和藝術之約，我們移動的步調會快速到連自己都無法察覺；就如同噴射機上的乘客，除非遭遇亂流，否則感受不到自己的速度。同樣的道理，藝術之路上的旅人，幾乎感受不到自己成長的速度。這種否認的形式，使我們很想放棄「沒有發生」在我們身上的復原過程。喂，有發生。

當內在造物者在療癒我們的同時，我們的態度也會出現許多改變和移轉。我要舉幾個例子，因為有些乍看之下不像是在療癒，反而像發瘋，甚至搞破壞，只被當成搞怪已經算不錯了。

能量模式會改變，白天和夜晚的夢都會變得更強烈、更清晰；你會發現自己想起晚上做的夢，白天也會做起白日夢，意想不到的美好幻想會開始冒出來。

昔日看似契合的生活領域不再那麼適合，衣櫥裡有一半的衣服看不順眼，你可能決定換沙發椅套或是乾脆扔掉沙發，對音樂產生愛好，甚至會突然唱起歌、跳起舞、跑起步來。

你的老實話令自己不安，「我不喜歡那樣」或「我覺得這樣好極了」會脫口而出。簡單地說，你的品味、判斷力、個人特色都將開始展現。

我找不到的中心點，我的潛意識知道在哪。

——奥登（W. H. Auden，詩人）

你做的這些事就是在擦拭鏡面，晨間隨筆會每天抹去一絲你和眞我之間的朦朧。一旦影像變得清楚，連你自己都可能嚇一跳，你會發現自己從沒承認過的某些好惡。喜歡仙人掌，爲什麼會養萬年青？討厭咖啡色，爲什麼一直套上那件一穿就彆扭的毛衣？接受他人對我們的定義是一種制約行爲，我們覺得突顯個別性是在放縱自我。其實不然。

你靈魂的雪花模式正要顯現，每個人都是獨一無二的創意個體，但我們常用糖果、酒精、藥物、加班、低調、惡劣的關係、不良的行爲、運動量不夠、電視看太多、睡覺睡太少等等，餵靈魂吃各式各樣的垃圾食物，以模糊個人的獨特性。晨間隨筆會幫助我們看到自己良心上的汙穢。

回顧寫作晨間隨筆的時間，你會看見生活中有許多改變，這是你願意清出空間容納創意行爲的結果。你比較能意識到個人的能量，偶爾會亂了手腳，有時怨氣發作，有時腦清目明。人和事在你心裡有了不同的意義，你感覺到生命的流動。當你放手順著神的心意走，就會看見新氣象。事情已昭然若揭了。

你會同時感受到疑惑和信心。你脫離了困境，卻又不知道自己在往哪裡走。你可能覺得無法維持現況，可能會懷念那段看不到發展的時光、你覺得受到迫害的時光、你不明白有很多小事可以改善生命的時光。

想獲得指引，只要請求、聆聽即可。

——羅曼

你前進得如此快速，渴望休息是很正常的。你會學著在移動中小歇，如同躺在船上一般。晨間隨筆就是你的船，領著你向前行，又讓你在前行時有地方恢復精神。

我們很難領悟，走進內心世界和寫晨間隨筆能打開內在的門，讓造物者得以幫助並引導我們。我們的意願打開了這扇內在之門，晨間隨筆便象徵著我們聆聽神、和神談話的意願。晨間隨筆帶領我們邁向許多其他的改變，這些也是來自神的改變，帶領我們走向神的改變。當你動筆時，神的手透過你的手移動，強而有力。

這時候有個技巧會令你安心，就是晨間隨筆的全部或一部分，都寫上自己進步的肯定句。

交易的時候我們常說：「用白紙黑字寫下來。」和造物者打交道，寫下來的交易內容具有特殊的力量。在晨間隨筆寫下「我樂於接收祢的善」、「爾意必行」兩個短短的肯定句，藉此提醒我們平時要敞開心胸，接受愈來愈多的眞善美。

「我信任自己的知覺」，是另一個當我們在轉換自我認定時，也很有力量的肯定句。「更強壯、更清明的我正在顯現。」

根據自己的需求來挑選肯定句；在挖掘被埋藏的夢想時，你必須放心去探索，「我發掘和享受眞我。」

練習：埋藏的夢想

在恢復創意時要常常挖掘過去，找尋被我們掩埋起來的夢想和歡樂碎片。請你挖一挖，動作要快、要輕，這是隨興的習題，答題要快，因爲速度能封住烏鴉嘴。

1. 列出五項有趣的嗜好。
2. 列出五門有趣的課程。
3. 列出五樣你覺得有趣卻絕對不會做的事。
4. 列出五項有趣的技能。
5. 列出五件你以前喜歡做的事情。
6. 列出五件你想立刻嘗試的傻事。

課程進行到現在，你大概已經看出來了，我們從不同的角度觸及某些問題，這些方法是爲了從潛意識中誘導出你意識中可能喜歡做的事。接下去的練習會讓你更加了解自己，也讓你有空追求上面列出來的興趣。

我們總是在做事、講話、閱讀、聽廣播、計劃下一步，腦子整天都在忙些簡單、不重要的身外事。
——優蘭

先把閱讀擺一邊

若你覺得生命或藝術都鑽進了死胡同，一個禮拜「不要閱讀」，堪稱是效果最佳的輔助法。

不要閱讀？沒錯，不要閱讀。多數藝術家都把文字當成小顆粒的鎮靜劑，然而每天吞食的媒體訊息都有適當的攝取量，若吸收過多，就像吃了太多油膩的食物，會阻塞循環系統。是的，吃多了會掛掉。

說起來很矛盾，清除生活中令人分心的事，其實是在灌注活水。一旦我們不分心，就會再度投入感官世界；沒有報紙當盾牌，火車成了任君觀賞的畫廊。沒有小說可以沉醉（也沒有電視來麻木我們），夜晚成了遼闊的荒原，是能重新擺設傢俱和其他念頭的荒原。

不要閱讀把我們推回內在沉默。有些人會趕快找尋新的活動：冗長的八卦對話、狂歡的電視節目、喋喋不休的收音機，藉此填滿內在沉默的空間。因為靜電干擾，我們常常聽不到自己內心的聲音，以及本身藝術家靈感的聲音。在不閱讀的期間，要提防這些汙染源，它們會在井裡下毒。

如果我們監控流進來的東西，把流量控制在最低程度，那麼因為不閱讀而受益的速在黑暗時期，眼睛開始看見。

——羅斯凱

度，會快得讓人不好意思。我們的報酬將會是新的創意。我們本身的藝術、本身的思緒和感情，會擠開阻塞的汙泥，使其鬆脫，並向上向外冒出來，直到活水四溢爲止。

不要閱讀是極爲有力、也非常嚇人的工具。光想到不能閱讀，就讓人一肚子氣。多數受阻的創意人都是閱讀成癮，我們狼吞虎嚥他人的文字，卻不消化自己的思緒和感情，不自己動手端出點東西來。

教到這禮拜，規定不准閱讀總是件難事，當我走上講台時，心理很清楚自己會變成公敵。當我宣佈完不要閱讀，就鼓起勇氣等著一波波的敵意和嘲諷。

至少會有一名學員向我解釋，而且講得明明白白，毫不含糊：他或她是忙碌的重要人物，基於職責，一定要閱讀。

這番話絕對說得咄咄逼人，言下之意我是個白癡、藝術怪咖，對複雜的成人生活完全處於狀況外。我靜靜地聽。

脾氣也發了，大學要上課和工作需要讀的指定作業等理由也講完了，我才指出我一直都在工作、也唸過大學，在我的經驗裡，該讀的東西拖上一個禮拜不讀沒什麼稀奇。我們的創意受到侷限，但鑽起漏洞來卻是創意十足。我請全班發揮創意，想出如何可以不閱讀。

接著就是：「那我們要做什麼？」

以下簡單列舉幾件事，可以在不閱讀的時候做：

聽音樂	編織	健身	縫製窗簾
烹飪	冥想	替狗洗澡	修腳踏車
請朋友來吃晚餐	整理衣櫥	畫水彩	付帳單
枱燈重新接線	寫信給老朋友	油漆臥室	
整理書架（這事危險！）	修好音響	給植物換花盆	
整理廚房	縫縫補補	跳舞	

即使生活中少了文字也無妨，但我仍然可以感覺到學生們對此一嘗試的敵意如波濤般洶湧。我可以告訴各位，當初最排斥的人，完成後收穫最多，也最得意。底線狠就狠在如果不閱讀，遲早會找不到事情做，這時候就非玩不可了。你會燃上一炷香、放一張爵士樂舊唱片、把架子漆成青綠色，不但感覺更好，甚至還有點興奮。

不要閱讀。如果你想不到有什麼事可做，跳個恰恰吧！

（可以讀和做這個禮拜的作業。）

> 當靈魂想有所體驗時，她會把這體驗的意象丟到她前面，再進入自己的意象。
>
> ——艾克哈（Meister Eckhart，中世紀神秘大師）

作業

1. 環境：描述你理想中的環境。城市？鄉下？時髦？舒適？寫一段，並畫出或剪貼能表達這個意境的圖像。你最喜歡哪個季節？爲什麼？翻閱幾本雜誌，找出這個意象，或者畫出來放在工作場所附近。

2. 時光隧道：描述自己八十歲的模樣。五十歲以後，你喜歡做什麼事？要講清楚。現在讓八十歲的你寫封信給現在的自己，你會對自己說些什麼？你會要求自己追求哪些興趣？鼓勵自己追求哪些夢想？

3. 時光隧道：回憶自己八歲時的模樣，當時你喜歡做什麼？最喜歡的東西有哪些？現在讓八歲的你寫封信給現在的自己，你會對自己說些什麼？

4. 環境：看看你的房子，有沒有哪個房間可以改成你專屬的秘密空間？改裝電視間？在別的房間買個屏風或吊個床單，圍出一個區域？這是你的夢想區，應該要佈置得很隨興，不要像個辦公室。你只需要一張椅子或是枕頭，一個墊在下面寫字的東西，一個放花和蠟燭的小供桌。這能幫助你注意到，創造力是靈性議題，而不是自負議題。

5. 用（第一週的）生命派檢視自己的成長。醜陋的狼蛛狀變形了嗎？你有沒有變得比較積極？比較不僵硬？比較會表達？小心，不要指望短期內會發生太多事，這是揠苗助長，成長需要時間才能穩健。一天天慢慢來，你在建立健全藝術家的習慣模式，所以要慢慢來。列出能繼續滋養自我的玩具，買給內在藝術家，譬如有聲書、

我得知真正的造物者是我的內在自我，是力量……想做某事的欲望其實是內心的神透過我們說話。

——席雅

訂雜誌、話劇票、保齡球。

6. 寫下自己的藝術家禱詞（見三一四～三一五頁），找個禮拜每天唸。
7. 藝術之約加長版：爲自己安排一個小小的假期。（找個週末，準備執行）
8. 打開衣櫥，丟掉、或送走、或捐出一件拉低你自尊的服裝（你很清楚是哪一套）。空出地方放新衣。
9. 檢視目前的生活，有哪個狀況是你覺得應該要改變，但還沒有做到的？卡在這個地方要付出什麼代價？
10. 如果你中斷「不閱讀」的約定，寫下事情經過。是耍脾氣？不小心？沒有節制？你覺得如何？爲什麼？

檢查

1. 這禮拜你寫了幾天晨間隨筆？（不寫晨間隨筆通常是在鬧情緒）你有什麼感受？
2. 這禮拜你赴藝術之約了嗎？（你這個藝術家除了租片子看，有沒有進一步的行動？）你做了什麼事？感覺如何？
3. 這禮拜有心想事成的經驗嗎？是什麼事？
4. 這禮拜有什麼事對你的復原具有重大意義？描述一下。

Week 5
宇宙能量就是你的靠山

這一週你要檢視繼續僵化的後果。你將會發現爲自己設限，剝奪了多少潛在的機會。你將檢視違背自己的心意、委屈求全的代價是什麼。你也許會發現自己想徹底改變，不再因爲他人而束縛自己的成長。

期待所有的需求被滿足，期待所有的問題有答案，期待所有的層次都有豐盛的斬獲，期待能靈性地成長。

——凱蒂（Eileen Caddy，英國靈性作家）

限制

神慷慨賜予，但阻撓我們接收的主要障礙在於，我們認定自己做不了大事。我們也許接收到內在造物者的聲音，聽到一個訊息，然而卻斥之爲瘋狂或不可能。我們一方面對自己很認眞，不想像傻瓜一樣追求遠大的目標；另一方面，我們對自己或是神不夠認眞，認爲即使有了神的幫助，遠大的目標還是超出我們的能力範圍。

記住，神是我的靠山，站在靈性的立場，我們有取之不盡的銀行存款。很多人從來沒想過造物者有多強大，可供給我們運用的強大力量，我們居然限量取用。我們自行決定神在我們身上的力量，無意識地將神的賜予和幫助，設定了上限。我們對自己很小氣，如果收到出乎意料之外的禮物，我們往往會退回去。

有些讀者大概在想，這個章節是在談魔法——禱告，天靈靈地靈靈！有時確實似乎如此，但大多數時候，彷彿有一股助力，刻意陪伴我們共同慢慢地、一步步地努力，消除負面模式的殘骸，澄清我們眞正期待的願景，學著接收任何爲那份願景提供零星片段的源頭。然後有一天，天靈靈地靈靈！願景似乎是突然到位。換句話說，祈禱你能趕上公車，然後拚命地跑。

想要此事成眞，一定要先相信自己可以追得上公車。我們會逐漸認知到，神的資源無窮無盡，每個人都有平等取用的機會，這樣就不會因爲收穫太多而感到罪惡。既然每個人都可以汲取宇宙的資源，我們的豐收並非剝削自他人。若我們能把領受神的美意想成是敬神的行爲，與神攜手實現祂的計劃以彰顯生命中的美好，如此就不會和自己過不去了。

怕不夠用的想法是我們對自己吝嗇的原因，我們害怕供不應求。我們不想把好運用光，不願透支心靈的豐盛。我們再次把神想成是脾氣古怪的雙親，束縛了自己的流暢。記住，神是我們的源頭，這股能量流喜歡自我延伸，讓我們能更有效地汲取創造的力量。

神有很多錢，神有很多拍電影和寫小說的點子，神有很多詩句、歌曲、繪畫和演戲的機會，神提供愛、朋友和房子供我們取用。聆聽內在創造者的聲音，我們會被引至正確的道路，並在這條路上找到朋友、情人、錢財和有意義的工作。通常若我們找不到足夠的資源，往往是因爲我們堅持只要某種源頭。我們必須學著讓這股流動隨意展現，而不是隨我們的意願使喚。

卡拉是個作家，她和一名惡劣的經紀人糾纏了許久，因爲她認爲中止這個職業關係等於是自毀創意。經紀人在這個關係中一直是閃爍其辭、半眞半假、拖拖拉拉，卡拉則礙於經紀人的名氣而硬撐著。終於，在一通格外惡劣的電話之後，卡拉寫了封信中止代理關係，她覺得自己好像跳進了外太空。當丈夫返家時，她向他哭訴自己的事業受到重創。丈夫聽完後對她說：「上禮拜我在書店裡，老闆問我你有沒有好的經紀人。他給了我這位女

仔細看就能找到。不尋覓的東西察覺不出來。

——索福克里斯（Sophocles，希臘劇作家）

士的名字和電話。打電話給她吧！」

卡拉哭著照他的話做，電話一接通，她和新的經紀人立刻有了默契。從此她們開始合作，一直到現在都很順利。

在我眼裡，這不只是一則心想事成的故事，也是良性依賴宇宙資源的故事。卡拉只要願意接收任何源頭所提供的好處，她便不再遭受迫害。

最近有位女藝術家告訴我，她在使用正面陳述後，獲得了絕佳的新經紀人。儘管我的藝術才能已恢復多年，但還是有尖酸刻薄的一面，便說：「最好是。」我們好像願意相信神能創造亞原子結構，卻想不出神怎麼協助或修正我們的繪畫、雕塑、寫作、影片。

我知道很多人被這個簡單的觀念嚇到了，我們想說，「管電影的又不是神，是好萊塢的經紀公司。」我要在此特別提醒所有的藝術家，若你把創意生命完全託付在人類手上，你將永遠無法突破障礙。

想追名逐利、想善於算計、想精明過人的欲望，阻擋了我們的流暢。我們對於自己能從何處獲益，有概念也有意見。我替好萊塢寫電影劇本，和其他劇作家聊天時，常覺得很悲哀。經紀人是很重要，但我們的機會常常來自「隔壁鄰居」、「牙醫的兄弟」、「太太的大學同學」，而這類機會正是神的源頭在運作。

我說過，創造力是心靈議題。信心提升了，才會有進步，至於提升的程度則時高時

侍奉神或不侍奉神，皆為能力所及之事。侍奉祂，我增添本身之良善及全世界之良善。不侍奉祂，我喪失本身之良善，剝奪世界我原本有能力創造之良善。

——托爾斯泰（Leo Tolstoy，俄國小說家、劇作家）

低。剛開始，有了信念才會去上第一堂舞蹈課，去學習新的創作材料。接下來，要有信念和經費才能繼續上課、參加研討會、擴大工作空間、留職停薪休假一年。再接下來，你也許想到出書的點子，想爲藝術家提供集體畫廊空間。每想出一個點子，我們必須保持信念，去除內心的障礙以實踐想法；外在層次則是採取必要行動，啓動並促成好事。

如果這些話聽起來還是像不食人間煙火的童話故事，坦白問自己到底在逃避什麼？資源已到手，你還把那些夢想視爲遙不可及？在可以大顯身手的時刻，你僵住不動要付出什麼代價？

神是我們的源頭，這項生活計劃簡單明瞭又完全奏效。深信神會伸出援手，我們的生活將不再依賴負面事物，也不再焦慮。我們的份內工作就是聆聽指示。

寫晨間隨筆就是一種聆聽的方式。晚上就寢前，列出需要指引的項目。早上寫同樣的主題，我們就會看到以往看不到的康莊大道。用這兩個步驟做實驗：晚上祈求答案，早上聆聽答案。敞開心胸接受所有幫助。

找尋河流

四個星期以來，我們都在挖掘意識，看看自己的想法有多麼負面和充滿恐懼；看看自己以前多麼不敢相信只要傾聽創意的聲音，遵循其指引，就能找到正確定位。我們開始希望，卻也害怕希望。

仰賴心靈是漸進式的轉變。我們緩慢又穩健的轉變，日子一天天過去，我們愈來愈忠於自己，愈來愈能接受正面思考，沒想到，人際關係也因而有所改善。我們愈來愈能講實話，聽到的實話也愈來愈多，也很能包容自己和他人。我們變得比較不會批判自己和他人。這是怎麼做到的？晨間隨筆是一般的意識流，會逐漸釋放我們的成見和短視。我們看到自己的情緒、看法和察覺都是過眼雲煙，我們獲得一股流動感，感受到生命變化的潮流。這股潮流或稱河川是一項恩典，將我們帶往正確的謀生方式、正確的伴侶、正確的命運。

依賴內在造物者，就不會再依賴任何事物，可以眞正地自由自在。矛盾的是，毫不依賴是和其他人培養眞正親密關係的唯一途徑。不害怕被拋棄，才能活得隨心所欲；不纏著別人要求保障，同伴才能在沒有負擔的狀況下回應我們的愛。

我們聆聽內心小小藝術家說話，它就會愈來愈有安全感。有了安全感，說話會更大聲。即使遇到最糟糕的日子，有個小聲的、正向的聲音會說：「你還是做得到，做了可能會很好玩……」

多數人會發現，寫晨間隨筆會讓人比較放得開。復原就是找尋河流的過程，去接受水流、急湍等等。我們對自己接受機會而不再拒絕，感到驚訝。我們將自己從舊有的自我觀人們常常會顛倒過生活：試著擁有多一點東西或多一點錢，好多做一些想做的事，讓自己更快樂。其實正好相反，你必須先成為真正的自己，然後做該做的事，才能獲得想要的東西。

——楊（Margaret Young，歌手）

念中釋放出來，剛現身的全新自我對各種新鮮事都樂於嘗試。

米雪兒是個很有上進心的律師，穿著打扮也很得體。她報名參加佛朗明哥舞蹈課程，愛上了這種舞蹈。她的屋子原本是俐落的專業高科技展示間，現在突然四處放起綠意盎然的植物、膨鬆的抱枕、感性的燃香，原本白色的牆壁綻放出熱帶色彩。這麼多年以來，她第一次做烹飪，接著開始做女紅。她依然是成功的律師，但生命的銳角磨掉了。她比較常笑，看起來也更漂亮。每次嘗試新事物時，她都會開心地說：「我眞不敢相信自己會做這種事！」後來則說：「我眞不敢相信自己居然沒早點做這件事。」

態度放輕鬆，淺嘗新事物，我們才能開始拓展創造力。用「也許」來代替「門兒都沒有！」，我們打開了通往秘境和魔法的大門。

這種正面積極的新態度，是信任的開端。在看似逆境的時候，我們會尋找希望。多數人發現，晨間隨筆寫著寫著，我們會開始對自己比較溫柔。我們不再那麼絕望，對待自己和他人也不再那麼苛刻。創造力和創造力的造物者攜手合作會有很多成果，這股溫情便是第一批果實。

信任並愛上內心指引，使得我們不再害怕親密關係，因爲我們愈來愈清楚上蒼的力量，不會把這股力量和親密的人混爲一談。簡言之，我們學著放棄盲目崇拜，亦即對任何人、事、物的崇拜性依賴；相反的，我們依賴源頭本身。源頭透過人、事、物來滿足我們的需求。

很多人沒辦法接受這種觀念，覺得一定要出去用力搖晃幾棵樹，才會有狀況發生。我不否認搖幾棵樹對我們有好處；事實上，我覺得非這麼做不可，我稱此爲「練步法」。我要說的是，步法雖然重要，不過直線型步法卻很少行得通。這就好比是，我們搖的是蘋果樹，宇宙卻掉下橘子來。

我看過很多恢復創意的人，內心變得清明，專注於夢想和喜樂。他們用這個步法往夢想的方向踏出幾步，然後，宇宙隨即打開一扇意料之外的門。恢復創意之後有些重大任務，其中之一便是學著接納宇宙的慷慨賜予。

美德陷阱

藝術家都有停工期，也就是什麼事都不做的時刻。要捍衛享有這種時刻的權利，我們需要有勇氣、信心和彈性。這種時刻、這種空間、這種靜默，會讓親朋好友以爲我們是在退縮、疏遠他們。沒錯。

藝術家必須出離；若不出離，內心的藝術家會感到迷惑、憤怒、不知所措。如果我們一直不這樣做，心中的藝術家便會覺得沮喪、憂鬱、怨恨。最後，我們會變成困獸，向親朋好友咆哮，要他們走開，別再做不合理的要求。

能在做家事和盡義務之間找到空檔從事創作，我們向來因而感到自豪。這麼做值得喝彩嗎？我不確定。

——摩里森（Toni Morrison，諾貝爾文學獎得主）

做出不合理要求的人，其實是我們。我們既不能滿足內心藝術家的需求，又指望能有好的表現。藝術家需要保持創意的孤寂，需要時間獨自療傷；沒有時間充電，內心的藝術家就會虛脫。時間久了，不僅心情惡劣，還有可能出人命。

在初期，我們威脅最親密的人要索他們的命。（「你打斷我，我會把你給殺了！」）沒聽懂的配偶眞是悲哀啊！不肯讓你獨處的可憐孩子眞是悲哀啊！（「你讓我很生氣……」）

經過一段時間，如果這些警告沒有受到重視，我們以爲要保持婚姻、工作、友誼等等的現況，就需要出言恐嚇和警告。自殺代替了謀殺，「我要殺死自己」取代了「我會把你給殺了」。

「這有什麼用？」取代了喜悅和滿足的感覺。我們可以繼續過日子，甚至還可能出現有創意的作品，但我們是在榨取自己的血液、吸乾自己的靈魂。簡言之，我們因爲美德而耗損，最後不得解脫。

我們陷在美德陷阱之中。

滯礙不前和遲遲不滋養自我感受，可是要付出慘痛代價的。創意人大多認爲自己必須當個好人，如果放膽去做自己眞正想做的事，就會擔心親朋好友會發生什麼事，因而有充分的理由不採取行動。

你積了一肚子氣。如果四天沒進畫室，第五天你真的一頭衝進去。在你最渴求的第五天，不管誰來打擾都會被你宰了。
——羅森柏（Susan Rothenberg，畫家）

工作繁忙的男子也許渴求並需要去山林間獨處。自己去度個假對他最好不過，但他覺得這麼做太自私，所以沒去，因爲去了對他太太不公平。

有兩個小孩的婦女想上陶藝課，但上課時間和兒子練少棒的時間衝突，她就當不成忠實觀眾了。她取消了陶藝課，當個好媽媽，站在場邊卻一肚子氣。

已爲人父的年輕人對攝影很認眞，渴望家裡能有個地方讓他鑽研自己的興趣。但佈置一個一般的家庭暗房必須動用到存款，新沙發就得晚點買。暗房沒設成，沙發倒是買了。

復原的創意人常常爲了當好人而傷害自己，這種假美德的代價可不小。

多數人把自我剝削當成美德，我們長時間因爲厭惡藝術而痛苦，還把這個苦當成烈士的十字架背在身上。我們利用十字架培養虛假的靈性，因爲當好人，意謂著高人一等。

我把這誘人的虛僞靈性，叫做美德陷阱。靈性經常被誤當成通往無情獨處的道路，我們認爲這立場超越人性。這種高人一等的靈性，其實只是另一種否認的形式罷了。美德是藝術家的致命傷，受人尊敬和成熟的強烈渴望不僅使人顯得愚蠢，甚至還具有殺傷力。

我們設法要當好人、要客客氣氣、要樂意助人、要無私忘我，我們想要大方、要服務、要食人間煙火。但我們眞正想要的是不要有人理我。我們沒辦法要別人不理我們，最後只好不理自己。在別人眼裡，我們好像人在那兒，也表現出好像我們在那兒，但眞正的自我已經不知去向。

我們只剩下完整自我的虛殼。虛殼還在，是因爲它不得解脫。這就如同馬戲團無精打采的動物被逼著出場表演，照規矩做完把戲，贏得掌聲，但耳朵完全聽不到歡呼聲。歡呼引不起我們的反應。我們的內心藝術家不僅心情惡劣，並且已經打包走人，生活成了身體之外的經驗，我們已遠離。臨床醫生也許會稱之爲身心分離，我則稱之爲離開犯罪現場。我們巧言哄騙，「出來，不管你在哪兒，快出來。」但創意自我已不再信任我們。我們怎麼能信？我們正是出賣它的人。

我們怕被視爲自私，因而失去了自我，變得自我摧殘。謀殺自我並不是有意識的行爲，而是消極尋求的目標，使我們往往看不出這種毒害的箝制力。

「你會摧殘自我嗎？」我們常聽到這個問題，次數頻繁到聽不懂在問什麼。這個問題的意思是：你會摧殘你的自我嗎？眞正要問我們的是：你摧殘了自己眞正的本性嗎？

許多人身陷美德陷阱，若沒看仔細，就看不出是在自我摧殘。想當個好丈夫、好爸爸、好媽媽、好妻子、好老師，不論什麼身分，他們都建構了虛僞的自我，外表恰如其分，贏得一般人的讚賞。這個虛僞的自我永遠耐心十足，總是爲了滿足他人的需要或要求而拖延本身的需求。（「眞是個大好人！佛雷放棄了聽音樂會，在禮拜五晚上要來幫我搬家……」）

錯誤的美德，讓在陷阱裡的創意人毀了眞正的自我，而這個自我從小就很少受到讚

> 如果有個女人能是好妻子、好母親、好容貌、好脾氣、好教養、不過份，沒有人反對她同時能當個好作家、雕塑家、遺傳學者。
>
> ——麥茵泰爾（Leslie M. McIntyre）

美。自我一直聽到「不要只顧自己！」。眞我的個性令人困擾，正常但偶爾肆無忌憚。眞我知道什麼時候該玩，什麼時候要對別人說「不」、對自己說「好」。

困在美德陷阱的創意人，沒辦法讓自己贊同眞我，不敢向外界表明眞我，唯恐這麼做會惹得外界非議不斷。（「你相信嗎？佛雷以前是個大好人，隨時隨地幫我的忙。上禮拜我請他幫我搬家，他卻說要去玩。佛雷什麼時候變得這麼有氣質？你倒是說說看！」）

佛雷很清楚，當他不再當個好人，好傢伙佛雷、裝腔作勢的另一個好人自我，就會滅亡。擁有犧牲精神的瑪麗，第五次答應幫姐姐當保姆，好讓姐姐可以外出。她十分明白自己在受迫害，對姐姐說不，就是對自己說好，但瑪麗負不起這個責任。禮拜五晚上沒事做？她自己能夠做什麼？這是個好問題。瑪麗和佛雷利用自己的美德，迴避了很多這類問題。

「你在摧殘自我嗎？」展現美德者一定會大聲說「不」，他們可以列出一大串清單，證明自己多麼有責任感。但是對誰有責任感？問題是「你在摧殘自我嗎？」而不是「你像在摧殘自我嗎？」而且絕對不是在問：「你對別人好不好？」

我們聽到別人對摧殘自我的看法，卻沒仔細想過，他們的自我和我們的自我有相同需求嗎？我們困在美德陷阱之中，拒絕問自己：「我的需求是什麼？如果不算太自私的話，我會怎麼做？」

有些風險你冒不起，有些風險你非冒不可。

——杜拉克（Peter Drucker，管理學大師）

你在摧殘自我嗎？

這個問題很難回答，首先要了解一下真實自我（也就是我們一步一步摧殘的那個自我）。有個方法能很快找出你偏離的程度。問自己這個問題：如果不算太瘋狂，我會嘗試什麼？

1. 高空跳傘，潛水。
2. 跳肚皮舞，拉丁舞。
3. 出版我寫的詩。
4. 買一套鼓。
5. 騎單車環遊法國。

如果你的清單很刺激、甚至瘋狂，那麼你還算沒有迷失。這些瘋狂點子其實是真我發出的聲音。如果不算太自私，我會做什麼？

1. 報名上潛水課。
2. 去青年會學拉丁舞。

3. 買本《詩人行銷》，每週投稿一次。
4. 我表弟有一套舊的鼓要賣，買下來。
5. 打電話給旅行社，找有關法國的資料。

藉由找尋內心的創造者、擁抱本身的創意天分，我們學著在人世間展現靈性，學著信任神的美好，同時我們以及創造出來的萬物也都是好的。如此一來，即可避免踏入美德陷阱。

美德陷阱測試

1. 我生命中最缺少的是＿＿＿＿
2. 我生命中最大的喜悅是＿＿＿＿
3. 我投入在＿＿＿＿的時間最多
4. 我玩得愈多，工作就＿＿＿＿
5. 我在＿＿＿＿會有罪惡感
6. 我擔心＿＿＿＿
7. 如果我的夢想成真，我的家人會＿＿＿＿
8. 我傷害自己好讓別人＿＿＿＿

你會做傻事，但要做得興高采烈。

——柯蕾特（Colette，作家）

9. 如果我讓自己有感覺，我會氣自己________

10. 有時候我會悲傷是因為________

你是在替自己還是別人過日子？你在摧殘自我嗎？

練習：被禁止的喜悅

受阻的創意人最愛用的花招，就是對自己說不。我們在很多小地方對自己刻薄吝嗇，次數多得驚人。我每次對學員這麼說的時候，他們常常會抗議說並非如此——他們對自己很好。接著，我請他們做這個習題。

列出十樣你熱愛和想去做但不能做的事。你的清單也許如下：

1. 跳舞。
2. 帶一本素描簿。
3. 溜冰。
4. 買雙新的牛仔靴。
5. 頭髮挑染成金黃色。

6. 度假。
7. 上飛行課。
8. 搬到大一點的地方住。
9. 導戲。
10. 學人體素描。

只要列出被禁止的喜悅，往往就能破除阻撓你做這些事的障礙。

把清單貼在顯眼的地方。

練習：願望清單

躲避烏鴉嘴的最好方式，就是快速書寫。因爲願望就是願望，可以是任何瑣碎小事（要經常認眞看待）。用你最快的寫字速度完成以下句子。

1. 我希望______
2. 我希望______
3. 我希望______

神的明確定義視個人最冀求的良善而定。

——佛洛姆（Erich Fromm，心理學家）

4. 我希望
5. 我希望
6. 我希望
7. 我希望
8. 我希望
9. 我希望
10. 我希望
11. 我希望
12. 我希望
13. 我希望
14. 我希望
15. 我希望
16. 我希望
17. 我希望
18. 我希望
19. 我希望

作業

這項作業要探索並拓展你和源頭的關係。

1. 我不能眞心相信神會支持我的理由是……。列出五件委屈的事（神不會計較的）。
2. 建立影像檔案：如果我有信念或錢，我會試著……。列出五項欲望。下禮拜要注意這些欲望的圖像，看到的時候，剪下來、買下來、拍下來、畫下來，想辦法收集。有了這些圖像，夢想檔案就會對你說話。在課程進行期間，繼續擴充檔案。
3. 再列一次五種想像的生活。有變化嗎？你有多做些這種生活的事嗎？也許你想把這些生活的影像加入影像檔案中。
4. 如果我二十歲又有錢……。列出五項冒險，同樣把這些影像加入視覺影像檔案當中。
5. 如果我六十五歲又有錢……。列出五項遲遲未體會的樂趣，同樣把影像收集起來。這項工具非常有效，我現在住的房子就是我想像了十年的房子。
6. 我對待自己的十種刻薄方式是……。說出正面的事，將有助於列入我們的生命中；說出負面的事，則有助於驅除。

接受身為神之子的責任，
即是接受生命的最佳獻禮。
——曼恩

7. 我想擁有但不能擁有的十樣東西是……。你同樣可以收集這些影像。爲了提高業績，銷售高手會教菜鳥業務把自己想擁有的東西張貼出來。這招有效。
8. 老實說，我最喜歡用來阻礙創造的東西是……。電視、拚命閱讀、朋友、工作、拯救別人、拚命運動。不管你會不會畫圖，請用卡通畫出自己沉溺其中的模樣。
9. 一直讓創意受阻的代價是……。也許你想在晨間隨筆中探討這件事。
10. 我之所以無法發揮創意，都是……人的錯。同樣在晨間隨筆中仔細思量。

檢查

1. 這禮拜你寫了幾天晨間隨筆？開始喜歡寫了嗎？你有什麼感受？到目前有沒有發現一頁半的眞正重點？很多人覺得隨便湊滿一頁半後，另外就會有收穫。
2. 這禮拜你赴藝術之約了嗎？在這段閒暇時間中，你有沒有聽到答案？約會時做了些什麼事？感覺如何？有沒有哪一次的藝術之約眞的像在探險？
3. 這禮拜有心想事成的經驗嗎？是什麼事？試著以心想事成當作話題，和朋友聊聊。
4. 這禮拜有什麼事對你的復原具有重大意義？描述一下。

Week 6

創意與奢侈

這一週要破除阻礙創造力的主要因素──錢。請你認眞思考自己對神、錢、豐沛創造力的看法。這篇文章將探討有哪些態度，使你在目前生活中富裕和奢華的程度受到限制。你要學習記帳這項破除障礙的工具，才能把資金算得清楚，用得恰當。這禮拜的心情會輕鬆愉快。

偉大的造物者

「我是信徒。」南施宣稱：「我只是不相信神會和錢扯上關係。」雖然南施並不自覺，但她懷著兩項自我傷害的信念：她不但相信神是好的，而且好到不能談錢；同時也相信錢是有害的。大多數人和南施一樣，必須徹底檢討對神的觀念，才能完全恢復創造力。

大家從小就學到，錢才是安全感的眞正來源，想要靠神簡直就是莽撞、找死、甚至可笑。當我們想到田野上的百合，會覺得這種花太典雅，不該開在現代。買衣服穿的人是我們，採買家庭用品的人是我們，但我們卻對自己說，等錢足夠了再去追求藝術。

到底要等到什麼時候？

我們希望神能像厚厚的薪水袋，允許我們愛怎麼花錢就怎麼花。我們只聽「要更多」的誘人歌聲，靈魂裡有個小小的聲音在說「夠了」，有待我們去傾聽，但我們卻充耳不聞。

「你們要先求他的國和他的義，這些東西都要加給你們了。」我們從小就聽大家引用聖經裡的這段話。我們不相信，當然也就不相信藝術也是如此。神可能會在必要時使我們溫飽，但繪畫用具怎麼可能？到歐洲參觀博物館、上跳舞課？我們告訴自己，上帝不提供這些東西；我們拚命擔心自己的財務狀況，藉此迴避藝術，同時規避心靈的成長。我們信

錢是上帝在行動。

——巴克（Raymond Charles Barker，新思想運動大師）

多學點依照直覺行事的本領，我們的管道會更牢固，擁有的錢財也會更多。

——高文

做正確的事，錢自然會送上門。

——菲利浦（Mike Phillips，橄欖球員、爵士樂手）

的是美金，「總得要有房子遮風避雨。」我們說：「增加創造力又沒有錢可拿。」

我們很信這一套。多數人暗中相信，工作就是工作，而不是玩樂。我們眞正想做的事，例如寫作、演戲、跳舞，都不能當成正事，要遠遠地排在第二順位。錯了！

我們受到舊的有毒觀念，誤以爲神對我們的期許和我們對自己的期許南轅北轍。「我想當演員，但神要我在小餐館當服務生。」劇情發展如下：「如果我試著當演員，最後會在小餐館當起廚子。」

這種想法來自根深柢固的觀念，神是嚴厲的父母，對於我們適合做的事，堅持不讓步。我們絕對不會喜歡祂的念頭。有關神的這個錯誤觀念，必須修正。

這禮拜在寫晨間隨筆時，寫下你眞正信仰的神，和你希望能信仰什麼樣的神。有些人可能會想：「說不定神是女的，說不定她和我站在同一陣線。」有些人則認爲祂是能量之神，還有些人會認爲神是驅使我們成就至善的非凡力量。如果你對神的意識從小到現在都沒反省過，你信的可能是惡神。如果有善神，祂對你的創意目標會怎麼想？眞有這種神存在嗎？如果存在，金錢、工作或愛人還會是主宰你的力量嗎？

很多人把吃苦耐勞和美德畫上等號，藝術便等於遊手好閒。認眞工作是好事，差勁的工作是鍛鍊。以繪圖的天分爲例，若有某種東西能輕鬆擁有又很適合我們，想必不是好事，不可以太認眞。一方面，我們口口聲聲說神要我們幸福、喜悅、歡愉、自由；另一方生活中永遠要保留足夠的時間做讓自己快樂、滿足、甚至歡喜的事，這是改善經濟的最重要因素。
——霍肯（Paul Hawken，作家）

面，又背地裡認爲如果我們墮落成藝術家，神會讓我們一文不名。對神的這些看法，有證據嗎？

看看神的創作，顯然造物者沒有罷手的時候。粉紅色的花朵不止一朵、五十朵，而是數百朵。雪花絕對是純然創造喜悅的頂尖作品，從來沒有兩片是一模一樣的。看起來，這位造物者有可能支持我們踏上創意冒險之路。

「我們有了新老闆，」戒酒協會的指導書（Big Book）向戒酒的人保證：「我們替神打點事情，祂就會打點我們的事情。」對於剛加入戒酒協會的受難者，這個想法是條生命線；他們想盡辦法滴酒不沾，在擔心自己沒有能力好好活下去的時候，緊緊抓住這個念頭。期望上蒼的協助，他們便會得到協助；糾纏不清的生活釐清了，混亂的關係將變得正常和甜蜜。

對於尚未陷入絕境的人，這種保證聽起來很愚昧，甚至像是欺騙，好像我們被拐了。神會給我工作？能實現諾言的神？掌握豐裕和尊嚴的神？掌握一百萬種可能和握著萬能鑰匙的神？這種神一聽就有問題，像是在耍老千。

所以，一旦要在心中的夢想和枯燥的現況之間做抉擇時，我們經常會選擇忽視夢想，然後再責怪是神害我們繼續受罪。去不成歐洲、上不成繪畫課、拍不成照片，好像全是神的錯。其實，決定不做這些事的人是我們，而不是神。我們寧可努力保持理性節制，好像所有物質皆為能量運作，有生命有流動。錢象徵著關鍵能量具體化的黃金水流。

——靈魂之神奇作品（The Magical Work of the Soul）

有證據證明神是理性節制的，也不願意試試就算天意不允許，正當的縱情冒險會有什麼結果。

造物者可以當我們的父親／母親／源頭，但絕對不同於人世間的父親／母親／教會／老師／朋友，這些人灌輸我們他們認爲合理的觀念。創造力從來就沒有道理可言。爲什麼要有道理？你爲什麼要講道理？你還認爲犧牲是種美德嗎？如果要創作藝術品，就去創作藝術品。就只是一點點藝術……兩個句子，押個韻，好笑的幼稚園兒歌：

上帝喜歡藝術。
爸媽不聽我講藝術。
上帝喜歡藝術，
我創作藝術。
所以上帝喜歡我！

打鐵趁熱就是創作藝術的開始；融入當下，享受生活，就是開始；請自己吃點東西、休息一下，就是開始。買點哄人和美麗的小東西款待內心的藝術家：「這是奢侈，但上帝也很奢侈。」這才是正確的態度。記住，小氣的人是你，而不是神。你若預期神會更加慷慨，神就會對你更加慷慨。

我們眞正想做的事，正是我們眞正注定要做的事。當我們做注定要做的事，錢自然會找上門，大門爲我們而開，我們覺得有貢獻，工作便會像是在玩耍。

這禮拜要繼續處理我們的金錢觀，看看我們對錢的觀念（「錢很難賺，工時要長才賺得到錢。先擔心錢的問題，再去擔心創造力。」），如何塑造對創造力的觀念。

奢華

有些人變得厭惡藝術（嚮往創造力，卻拒絕滿足自我的渴望，結果愈來愈注意被剝奪的東西），只要一點點貨眞價實的奢侈品，就能在他們身上發揮莫大功效；重點是要貨眞價實。藝術原本就是不斷擴充，原本就是不虞匱乏的信念；爲了體驗這種藝術所帶來的富裕感受，我們務必要好好犒賞自己。

犒賞的定義因人而異。對吉莉安而言，從復古商店中找到的花呢長褲，讓她想起女演員林白的歡笑和騎馬奔馳的畫面。對珍而言，床頭櫃上一朵怒放的非洲菊，讓她體會到生命綻放著無限可能。馬修發現傢俱上了蠟的氣味，帶給他安全、眞實、整齊的感覺。康坦絲發現訂閱一年雜誌（二十塊錢的禮物能帶來一整年的圖像和享受）是溺愛自己。

我們動不動就說是因爲缺錢才導致創意被侷限，但這種障礙絕對不是眞正的阻礙。眞正的障礙其實來自我們的束縛感和無力感。要賦予自己選擇的力量才有藝術可言，基本上至少要選擇照顧自己。

我有位朋友是世界知名藝術家，天分過人，他的貢獻絕對會在這個領域中流傳後世。晚輩藝術家追隨他，長輩藝術家敬重他。他雖然年未過半百，但已榮獲終生成就獎殊榮。然而，這位藝術家仍然因爲對藝術興趣缺缺而痛苦不堪；儘管他繼續工作，本身付出的代價卻愈來愈大。有時候他不禁要自問，這輩子的作品怎麼像是做了一輩子的工呢？

爲什麼？因爲他不讓自己享受奢華。

話先說清楚，我現在談的奢華，並不是景觀絕佳的頂樓豪宅、設計師服裝、拉風的進口跑車、頂級旅遊。這位仁兄樣樣不缺，他缺的是生活。他不讓自己享有時間上的奢侈：和朋友相處的時間，和家人相處的時間，最重要的是給自己不成就大事的時間。以往熱愛的事，現在只當成興趣，他忙得沒有時間休閒。他告訴自己沒時間偷閒，時光飛逝，分分秒秒都要用來換取名氣。

最近我替自己買了十年來的第一匹馬。有位功成名就的朋友聽到這項好消息，馬上澆了我一盆冷水，他提醒道：「嗯，希望你不要以爲會有很多時間騎馬，你可能連看馬的時間都不多。年紀愈大，愈沒時間做自己喜歡的事，生命漸漸變成只做該做的事……」

我已經學會聽出掃興話的弦外之音，所以沒被他的預言嚇倒，但聽了還是覺得很難

我寧願桌上放朵玫瑰，而不願脖子上掛串鑽石。
——高德曼（Emma Goldman，女性主義者）

過。這讓我想起所有的藝術家，即使再有名也不例外，心裡都太容易感到愧疚。他們都有「我應該工作」的一面，但這一面的自我並不鼓勵有創意的樂趣。

想當藝術家，也可以說，想當人的話，我們必須跟隨宇宙的流動。壓抑享樂的能力、拒收生命的小禮物，我們同時也推開了更大的禮物。長時間從事創作的人，就像我那位藝術家朋友一樣，會發現自己在靈魂中萃取出意象、回到昔日的工作和技巧、反覆練習技藝，然而就是沒有拓展自己的藝術。作品完全失去流暢性的人會發現，不管用多少無意義的事來塡滿生命，都會覺得自己的生活貧乏、意興闌珊。

眞正的喜悅來自何處？這個問題和奢侈有關，每個人給的答案都不一樣。碧妮思的回答是覆盆子，而且是新鮮的覆盆子。她笑稱自己很容易開心，一斤覆盆子就能爲她買到豐富的感受。覆盆子可以灑在早餐穀片上、可以和桃子切著一起吃、可以放在冰淇淋上。她在超市裡買到了富裕，有剩的還能急速冷凍起來。

「隨著季節變化，覆盆子的價錢從一塊九毛八到四塊半不等。我總是對自己說太貴了，但其實能奢侈一個禮拜是很划算的。看部電影、吃個豪華起司漢堡都不止這個價錢。我想是因爲，我覺得不值得花這筆錢在自己身上。」

艾倫認爲音樂太過奢侈，他年輕時當過樂師，但已經很久不讓自己碰樂器了。和多數受阻的創意人一樣，他飽受雙重的致命折磨：對藝術提不起興緻，再加上傲慢的完美主日日探究上帝旨意。

——榮格

義。對這位樂手而言，演奏不能出差錯，他要成爲頂尖好手；如果做不到，他寧可遠離熱愛的音樂。

束手無策的艾倫如此形容自己的障礙：「我試著演奏，聽到自己的樂聲，我的表現和理想差這麼多，差到自己都打起退堂鼓。」（然後就放棄）

在恢復創造力的過程中，艾倫允許自己享受每週買一張新唱片的奢侈。他不再把音樂當成工作。他不應該只買高水準的藝術品，應該買瘋狂的唱片，也不要管崇高的理想。什麼東西聽起來好玩？

艾倫開始探索，他買了福音歌曲、西部鄉村音樂、印度鼓樂。一個月後，他一時衝動在樂器行買了一組練習棒，棒子一直擱著擱著……

三個月後，艾倫在踩固定式腳踏車時，雙手跟著隨身聽播放的搖滾樂聲敲打手把。兩個月後，他在閣樓清了塊地方，買了一套舊鼓。

他解釋說：「我打得很差，還以爲老婆和女兒會覺得很糗。」他逮到自己把責任往外推：「其實覺得糗的人是我。但我現在玩得很開心，自己覺得聽起來比較順耳了。我這老傢伙算是寶刀未老吧！」

對蘿拉而言，十元商店的水彩顏料讓她首次嚐到奢侈的滋味。對於凱茜，則是一組高級彩色蠟筆：「是媽媽從不肯買給我的那一種。第一天晚上我畫了兩幅畫，一幅是過著新生活的我，另一幅則是我現在努力的目標。」

許多跨不過障礙的創意人，連想像擁有奢侈品都得花點功夫。奢侈並不是與生俱來的本領，受阻的創意人往往是人間的灰姑娘，爲了成全別人而犧牲自我，即使只寵愛自己一次都會覺得不安。

「別讓灰姑娘離開，」我的作家朋友凱倫的忠告是：「留下灰姑娘，但注意力要放在給自己穿上玻璃鞋。童話故事的後半段通常很精彩。」

說到奢侈，我們談的其實是意識轉換，而不是流暢。當我們認清並獲得自己感覺奢侈的東西時，其實就啓動並增強了流暢。

創意生活需要時間上的奢侈，也就是我們爲自己保留的時間——即使是快寫晨間隨筆的十五分鐘，或下班後泡澡的十分鐘都好。

創意生活需要擁有自我空間的奢侈，即使只能挪出一排書架和一個窗台也行。（我書房的窗台上擺著紙鎮和貝殼）記住，內心藝術家的年紀還小，而小孩喜歡「我自己的」東西，例如我的椅子、我的書、我的枕頭。

規定幾樣東西是專屬於你的，這樣就能讓自己有備受寵愛的感覺。隨便在哪一個中國城，花不到五塊錢就能買到一組漂亮的茶杯。二手商店也經常有獨樹一格的磁盤，喝起下午茶來更有充滿創意生活的感覺。

當細微變化出現時，才是活出真正生命。

——托爾斯泰

恢復創意時所做的事，看起來都很傻氣。傻氣是成人掃興的那一面用來壓制小小藝術家的防禦手段。說自己傻氣的時候可要小心。是的，藝術家之約就是傻氣，但這就是重點。

創造力活在矛盾中，認眞的藝術作品來自認眞的玩耍。

練習：記帳

下禮拜要看看你怎麼用錢，買本小筆記本放在口袋，花的每一塊錢都要記下來。不管買什麼，再瑣碎的東西、再小的金額都要記下來，因爲小錢也是錢。

一頁寫一個日期，以便計帳。買了什麼東西，花了什麼錢，錢到哪兒去了，不管是買日用品、在小館子吃午餐、搭計程車、買捷運車票、借錢給朋友。要一絲不苟、徹底仔細，不要批評好壞。這是觀察自我，而非打擊自我的練習。

也許你會想做這個練習一整個月、甚至更久，你會從中學到自己花錢的價值觀。我們用起錢來往往有別於眞正的價值觀，亂花錢買不會珍惜的東西，眞正珍愛的東西卻反而不准自己買。對大多數人而言，記帳是學習創意奢華的前奏。

練習：金錢瘋

完成下列句子。

1. 有錢的人是______。
2. 錢使人______。
3. 如果______，我就會有錢。
4. 爸爸認爲錢是______。
5. 媽總認爲錢會______。
6. 錢在我們家造成______。
7. 錢等於______。
8. 如果有錢，我會______。
9. 如果買得起，我會______。
10. 如果有點錢，我會______。
11. 我怕自己有錢以後會______。
12. 錢是______。
13. 錢造成______。
14. 有錢不是______。
15. 我必須______才會有錢。
16. 我有錢的時候通常會______。

17. 我認爲錢＿＿＿＿＿＿＿＿＿＿。

18. 如果我不是這麼小氣的話，我會＿＿＿＿＿＿＿＿＿＿。

19. 大家認爲錢＿＿＿＿＿＿＿＿＿＿。

20. 一文不名讓我知道＿＿＿＿＿＿＿＿＿＿。

作業

1. 豐盛的大自然：找五顆漂亮或有趣的石頭。我特別喜歡這項功課，因爲石頭可以放在口袋裡，開會時用手摸摸。石頭雖小，卻能時時提醒我們的創造力意識。
2. 豐富的大自然：採五朵花或五片葉子，可以用蠟紙夾好放在書裡。如果你唸幼稚園的時候做過這件事，那很好，因爲最有創意的玩法有些就是出自那個時期。讓自己再做一次。
3. 整理：丟掉或送走五件最破爛的衣服。
4. 創作：烤點東西（如果不能吃糖，就做一份水果沙拉）。創意未必一定是正經八百的藝術品。有時在烹飪時，往往會冒出另一種創意模式。當我寫作不順利的時候，就會去煮湯和烤派。
5. 溝通：寄明信片給五位朋友。這不是要練習寫作，所以請寄給你眞心想收到回信的

藝術家絕對不能心滿意足！這不是貪心，但有可能是胃口太大。

——卡康諾（Lawrence Calcagno，畫家）

人。

6. 重讀基本原則（請見第三十頁）：每天讀一次。讀你在第四週時寫的，或三二〇～三二一頁我寫的藝術家禱詞，每天讀一次。

7. 整理：家裡有沒有什麼改變？來點變化吧！

8. 接受：生活中有新的流暢嗎？練習接受免費贈品。

9. 成功：你的財務狀況或未來展望有改變嗎？有沒有什麼新的、甚至瘋狂的點子？找尋這方面的圖像，並加入你的影像檔案中。

檢查

1. 這禮拜你寫了幾天晨間隨筆？（有沒有用來替自己想些創意奢侈？）你有什麼感受？
2. 這禮拜你赴藝術之約了嗎？（有沒有想過約會個兩次？）你做了什麼事？感覺如何？
3. 這禮拜有心想事成的經驗嗎？是什麼事？
4. 這禮拜有什麼事對你的復原具有重大意義？描述一下。

Week 7
拒絕完美主義

這一週要練習以正確的態度來面對創造力，重點在於接受和積極這兩種技巧。文章、練習和作業的目的，是在和個人的夢想連結後，如何發掘出眞正感興趣的創意領域。

傾聽

寫晨間隨筆和赴藝術之約，都是在磨練傾聽的技巧。隨筆訓練我們聽到烏鴉嘴背後的聲音，藝術之約則幫助我們接收靈感的聲音。表面上看來，這兩件事和藝術創作的實際行動毫不相干，但對創作過程卻非常關鍵。

藝術不是高高在上的東西，反而是要得到什麼東西；重點在於這裡。

如果我們試著想一些高高在上的東西，就是在逼迫自己抓住無法掌握的東西，「往上，在最上層，藝術高高在上……」

得到東西則沒有壓力，不受逼迫。我們不需動手，只是得到，有別人或別的東西在動手做。我們不需要找尋創作，只要傾聽即可。

一個身處當下的演員，全心專注於聆聽下一句有創意的話；畫家作畫時，剛開始也許有個計劃，但這個計劃很快就被畫作本身的計劃取代。常言道：「畫筆繪出下一筆」，就是這個意思。舞蹈、寫作、雕塑，都是同樣的經驗：對於所要表達的東西，我們算是導體，而非是創造者。

藝術是對準頻率和落入活水中的行爲。世界上所有的故事、繪畫、音樂、表演，彷彿就活在我們正常意識的表面下，如地下河流，如一條創意之溪流過我們，等待我們隨意汲在猶太教神秘的卡巴拉（Cabalan）中，內心深處的本我名為Neshamah，這個字來自Shmhm，是「聽到或聆聽」的意思。Neshamah代表聆聽的她，啟發或指引我們的靈魂。

——星鷹（Starhawk，作家）

取。身爲藝術家，我們要落入活水，流進河裡。我們聽到底下的聲音，聽命行事；這比較像是遵守指令，而不似從事藝術那般花俏。

我有位朋友是一流的電影導演，他向來以計劃周詳著稱；但是他最精彩的作品，往往是現場的即興之作，亦即在工作時隨時抓住的好鏡頭。

要清楚看到靈感的時刻，必須要有信念，並進入其中。我們可以每天在晨間隨筆和赴藝術之約時，慢慢培養這種信念。我們除了學會傾聽，對於被激發出的直覺聲音：「做這，試這，說這……」，還要聽得愈來愈正確。

多數作家都有抓住一首詩或一、兩段寫作段落的經驗，我們視之爲小奇蹟，卻不明白其實這是正常現象。我們不是自己作品的作者，只不過是工具而已。

據說米開朗基羅曾說過，他在大理石塊中找到大衛，把他釋放出來。波洛克說過：「畫作有自己的生命，我試著讓生命走出來。」我在講授劇本寫作時，會提醒學生，他們要寫的電影早已有完整劇本，他們所要做的事就是傾聽，用心靈之眼觀看，然後寫下來。

每一項藝術可說都是如此。若說繪畫和雕塑在等著我們，奏鳴曲也會等，書本、劇本、詩句都會等。我們只要記下來就好，因此我們必須落入活水中。

有些人覺得把靈感之河想像成全天候播放的各種無線電波，這樣的畫面比較容易想像。

聆聽是接納的一種形式。
——曼恩

經過練習，我們會在想要的時候聽到需要的頻率，並對準所要的頻率。如同父母在眾多孩童之中能聽出自己孩子的聲音，我們也學會聽到目前心血結晶的聲音。

一旦你接受了創作是自然而然的觀念，就能接受第二個觀念：你做任何計劃，造物者都會給你需要的東西。從你願意接受這位夥伴幫助的那一分鐘開始，生活中處處皆可看到有助益的事物。要提高警覺，還有第二種聲音，即高層次諧音，內在創意的聲音因爲它的加入而增強。當心中生起念頭時，這個聲音往往會自行出現。

你會聽到需要的對白，找到鏡頭的理想配樂，看到即將想出來的完美顏料色彩等等。你會發現恰好符合目前需求的書本、研討會、丟棄物。

學著接受宇宙幫助你進行手中計劃的可能性，樂於接受神的協助，並當成是朋友幫助你做目前正在做的事。許多人無意識地懷抱著害怕的信念，怕神會覺得我們的創作頹廢草率；更糟的是，我們沒有把造物者的互助放在眼裡。

試著記住，神是偉大的藝術家，藝術家總會惺惺相惜。

期待宇宙支持你的夢想；宇宙做得到的。

完美主義

作家奧森（Tillie Olsen）對「完美主義」形容得對，這是「以完美主義者的態度對藝術揮刀」。你也許有別的名稱，把作品做對、先修正後再做、不能降低標準。正確的說法是完美主義作祟。

完美主義和做對沒有關係，和修正後再做沒有關係，和不能降低標準也沒有關係。完美主義是拒絕讓自己向前行，是一個圈套，一個執迷不悟、削弱力量的封閉系統，讓你困在寫作、繪畫、製作的細節裡，見樹不見林。細節的問題使我們滯礙不前，反而不能自由創作、允許犯錯、事後反省。我們把原創性，修改成缺乏熱情和隨興的規格。小喇叭手戴維斯（Miles Davis）告訴我們：「不要怕犯錯，沒有錯誤這回事。」

完美主義者為了一行詩句而反覆推敲，直到沒有一句是適當的。完美主義者重畫人物下巴的線條，直到畫破紙為止。完美主義者把一場戲寫成好幾種版本，直到劇本永遠寫不完。完美主義者在寫作、繪畫和創作時，眼睛同時盯著觀眾看；完美主義者無法享受過程，他們不斷在替成果打分數。

完美主義者和理性腦結為連理，完美主義者的創意屋由評論員當家作主，用白手套策略批評精彩的散文：「嗯，這個標點怎麼樣？這個字是這樣的寫嗎？……」

完美主義者沒有草稿、畫稿、暖身，每份底稿都是定稿，務必十全十美、妥當無誤。作品進行到一半時，完美主義者決定全部重看一遍，理出個輪廓，看看有什麼發展。有什麼發展？什麼都沒有，而且很快就什麼都沒了。

思考是藝術原創的死敵。

——瑞特（Martin Ritt，電影導演）

完美主義者永遠不滿意。完美主義者永遠不會說：「還不錯，我想我會繼續做下去。」

完美主義者總是覺得有地方要改進，他們稱之爲謙卑，其實是自負。想寫出完美的劇本、想畫出完美的畫作、想在試鏡時演出完美的獨白戲，這全都是自尊心在作祟。

完美主義並不是在追求最好的表現，而是在找尋最糟蹋的自我，告訴自己事情永遠做得不夠好，應該再試一次。

不對，不應該再試。

賈納（Paul Gardner）說過：「畫永遠沒有畫完的時候，只是在有趣的地方停止罷了。」書永遠寫不完，但到了某個階段，你便可以停筆去做別的事。影片永遠沒辦法剪接得完美，但到了某個階段就要放手收工。放手是創造力的正常步驟，在做得到的範圍，我們永遠盡力做到最好。

風險

問題：如果不用做到完美的地步，我會怎麼樣？

答案：你反而會超越自我。

我們都聽說過，沒有經過考驗的生命不值得活下去。可是再想想，沒有好好活過的生

活著是不確定的形式，不知道下一步是什麼或如何。一旦懂得如何，就開始一點點死去。藝術家永遠無法完全知道；我們猜測，也許會錯，但我們在黑暗中一步接著一步跳躍。

——德米爾（Agnes de Mille，芭蕾舞大師）

命，也不值得考驗。成功恢復創意的關鍵在於，有沒有能力把想法變成行動，接著正式面對風險。我們很會說服自己不要去冒險，對於暴露自己短處所可能引起的痛苦，我們可是內行觀眾。

想起第一次上表演課、第一篇不通順的短篇小說、糟糕的圖畫，我們說：「我會像個白痴。」這個把戲有一部分在於，把大師的作品一字排開，用他們精湛的手法衡量我們蹣跚的步伐。我們不拿學生時代拍的影片和喬治·盧卡斯學生時代的作品來比較，卻和他的《星際大戰》系列做比較。

我們拒絕承認在事情做好以前，必須先做壞；反而把自己的極限設定在有把握成功的基準點上。生活在這些束縛下，也許令人覺得沉悶、窒息、絕望、乏味，不過確實有安全感。安全感是代價很高的假象。

我們必須先放棄自我設限，才能去冒險。一定要突破「因爲……，所以我不能」的心防，因爲我太老、太窮、太害羞、太驕傲？太自我防禦？太膽小？

當我們說自己做不到的時候，意思通常是，除非能確保做到十全十美，否則我們不會動手。

動手做的藝術家知道這種立場很愚蠢。導演之間常開一種玩笑：「是啊，我當然很清楚那部片子應該怎麼拍——殺青後就知道了。」

心有罣礙的藝術家抱著不切實際的期望，要求自己要成功，以及別人表揚我們的成功。基於這項沒說出口的要求，我們排除了很多可以嘗試的事情。演員寧可被定型，也不願意拓展戲路；歌手和安全的題材白頭偕老；作曲者一再複製會賣座的公式。如此一來，在外界的眼光裡，藝術家看似沒有罣礙，但他們的內在卻受到侷限，無法冒險進入更能帶來滿足的全新藝術領域。

值得放手去做的事就值得搞砸，只要能接受這個觀念，我們的選擇可多了。「如果不用做到完美的地步，我會嘗試……」

1. 單人脫口秀
2. 現代舞
3. 急流泛舟
4. 射箭
5. 學德文
6. 人體素描
7. 花式溜冰
8. 頭髮染成淡金黃色

我們不能逃避恐懼，只能把恐懼轉化成同伴，陪我們走上所有刺激的冒險旅程……每天冒一次險。只要事後覺得很棒，大事小事都行。

——傑佛絲

藝術沒有必須，因為藝術是自由的。

——康丁斯基（Wassily Kandinsky，抽象畫之父）

9. 木偶戲
10. 高空鞦韆
11. 水上芭蕾
12. 打馬球
13. 塗上紅色唇膏
14. 學女裝設計
15. 寫短篇故事
16. 公開朗誦自己寫的詩
17. 隨興去熱帶地區度假
18. 學拍錄影帶
19. 學騎腳踏車
20. 上水彩課

在電影《蠻牛》（*Raging Bull*）中，拳擊手傑克拉莫塔的弟弟兼經紀人對傑克解釋，爲什麼要減輕體重和沒沒無聞的對手比賽。他說得天花亂墜，拉莫塔還是聽不懂。最後他說：「去做就是了。如果贏了，你就贏了；如果輸了，你還是贏。」

冒險永遠就是這麼回事。

換個方式說，冒險的原因就是因爲要冒險。擴充自我定義能帶來活力，這正是冒險的作用。選擇並迎接挑戰能產生自我掌控感，爲進一步的成功挑戰奠定基礎。從這個角度來看，跑馬拉松可以增加寫出完整劇本的機會，寫出完整劇本則可以助跑馬拉松「一腳之力」。

完成下面的句子：「如果不用做到十全十美的地步，我會嘗試……」

對準月亮出發，即使錯過目標，也會降落在星星之間。

——布朗（Les Brown，演說家）

嫉妒

常聽人說，嫉妒是人類的正常情緒。聽到這種話的時候，我心裡想：「對你也許是正常的，對我可不！」

我嫉妒起來可是會腦充血、胸口悶，如同肚子冷不防被狠狠揍了一拳。以前我一直認爲嫉妒是我最大的弱點，最近才了解，嫉妒是個恨鐵不成鋼的朋友。

嫉妒是張圖表，每個人的嫉妒地圖都不一樣，從地圖中看出來的東西，可能會讓每個人都嚇一大跳。以我自己爲例，看到女小說家成功，我絕對不會恨得牙癢癢；但我對走紅和不走紅的女劇作家感興趣的程度則有點病態，我總是用最嚴苛的標準批評她們，直到我寫出第一部劇本爲止。

有了勇氣就敢冒險，要有熱情的力量和謙卑的智慧。勇氣是正直的基礎。

——納爾（Keshavan Nair，《甘地式領導》作者）

我開始寫作後，嫉妒消失了，取而代之的是革命情感。原來嫉妒只是張面具，掩飾了我害怕去做自己眞正想做的事，不夠勇於採取行動。

嫉妒永遠是掩飾害怕的面具：害怕得不到自己想要的東西；認爲自己應得，卻因太害怕而不敢爭取，看到別人到手又心生挫折。追究起來，嫉妒是種匱乏的情感，容不下豐盛又多元的宇宙。嫉妒告訴我們一山不容二虎——一名詩人，一名畫家，不管你夢想成爲什麼，那種人只有一個。

當我們朝著夢想前進，才發覺其實每個人都有容身之地。但嫉妒使人目光如豆、眼界變窄，看不到還有其他出路。嫉妒對我們撒的最大謊言是，嫉妒是我們唯一的選擇；奇怪的是，嫉妒剝奪了我們行動的意願，而行動卻是自由的關鍵。

練習：嫉妒圖表

嫉妒圖表分成三欄，第一欄寫出你嫉妒的人，在人名旁邊寫出原因，要儘量寫得清楚明確。第三欄寫出基於嫉妒要採取某項行動，才能達到目標。

嫉妒發作像是被蛇咬到，需要馬上解毒。在紙上列出你的嫉妒圖表。

人	原因	行動／解藥
妹妹	她有眞的藝術工作室	整修空的房間
朋友，艾德	會寫好的犯罪小說	試著自己寫一篇
安・薩克斯頓	著名詩人	出版自己藏起來的詩

再大的改變也要從小處著手。綠色是嫉妒的顏色，但也是希望的顏色。當你學著爲自己駕馭這股凶猛的能量時，嫉妒便會帶著你走向更有希望的未來。

練習：考古

以下的句子算是替你做調查。被掩埋的一部分自我，往往只能靠著挖掘才會出土。答案不僅告訴你過去錯過了什麼，同時也告訴你現在能做些什麼，來安慰和鼓舞你的小小藝術家。不論自尊心怎麼說，現在開始永不嫌晚。

完成下列句子。

1. 小時候，我錯過了做＿＿＿＿＿＿的機會。
2. 小時候，我缺乏＿＿＿＿＿＿。

> 我認為天分沒什麼了不起。天分來自遺傳，如何運用才最重要。
>
> ——瑞特

3. 小時候，我應該要用＿＿＿＿。

4. 小時候，我夢想成爲＿＿＿＿。

5. 小時候，我要一個＿＿＿＿。

6. 我們家的＿＿＿＿永遠都不夠。

7. 小時候，我需要多一點＿＿＿＿。

8. 我很遺憾再也見不到＿＿＿＿。

9. 這麼多年來我一直懷念和好奇＿＿＿＿。

10. 我痛恨自己失去＿＿＿＿。

承認好事和承認憾事，同樣重要。算算自己有多少好事可以做爲目前的基礎。完成下列句子。

1. ＿＿＿＿是我忠實的朋友。

2. 我最喜歡家鄉的＿＿＿＿。

3. 我覺得自己的＿＿＿＿很好。

4. 寫晨間隨筆表示我可以＿＿＿＿。

5. 我對＿＿＿＿＿＿很感興趣。

6. 我覺得我對＿＿＿＿＿＿愈來愈在行。

7. 我內心的藝術家開始關心＿＿＿＿＿＿。

8. 我的自我照顧是＿＿＿＿＿＿。

9. 我覺得愈來愈＿＿＿＿＿＿。

10. 我的創造力可能＿＿＿＿＿＿。

信任自己，知覺往往比你願意相信的準確許多。

——布蕾克（Claudia Black，澳洲演員）

作業

1. 把這句話當成禱詞來誦讀：善待自我使我堅強。用水彩、蠟筆、藝術字體寫下這句話，貼在你每天都看得到的地方。我們以爲對自己凶狠才會變得堅強，其實珍惜自我才能得到力量。

2. 騰出時間聽音樂，純粹當成是享受。聽音樂的時候如果想塗鴉，就讓自己畫出在音樂中聽到的形狀、情感和想法。只要花二十分鐘，就能使自己的精神爲之一振。學著赴這種迷你藝術之約來對抗壓力和增進洞察力。

3. 帶自己進入神聖空間，如天主教或猶太教堂、圖書館、矮樹叢，讓自己品味寂靜，在獨處中療癒。每個人對神聖空間的定義都不同，對我而言，大鐘錶店或美好的水

剛下筆畫圖時，你和畫作是兩者。在結束時，你彷彿進入畫中。

——波特羅（Fernando Botero，哥倫比亞畫家）

族館，都能讓我有忘掉時間的驚奇。試試看。

4. 在自己家裡製造一種好聞的味道，例如煮湯、燃香、燒燒樅樹枝、點蠟燭，什麼都行。

5. 雖然沒有特別的場合，也要穿上你最喜歡的衣服。

6. 替自己買雙好襪子、一副好手套，舒服得不得了，又能寵愛自己的東西。

7. 拼貼：收集至少十本可以任意拆散的雜誌，規定自己不能超過二十分鐘，（眞正地）撕雜誌，收集能反映出你生活或興趣的圖片。把這種拼貼想像成圖片式自傳，包括你的過去、現在、未來和夢想。就算是自己喜歡的圖片也沒關係，一直撕，直到有一疊（至少二十張）圖片爲止。現在拿張報紙、訂書機或膠帶、膠水，用自己喜歡的方式排列圖片。（這是我的學生最喜歡的練習之一）

8. 快速列出五部最喜歡的影片。你看出它們之間的共通點了嗎？都是愛情片？冒險片？某時代片？政治鬥爭片？家族史詩片？驚悚片？在拼貼作品中能看出你的電影主軸嗎？

9. 說出你最喜歡閱讀的主題：比較宗教、電影、靈異、物理、白手起家、背叛、三角戀情、科學突破、運動……這些主題有出現在拼貼裡嗎？

10. 把拼貼圖放在一個好的位置，即使是秘密的好位置也沒關係，如衣櫥、抽屜，只要是屬於你的地方都行。也許你想隔幾個月就重做一張，或是完整拼貼出自己試著完成的夢想。

檢查

1. 這禮拜你寫了幾天晨間隨筆？有沒有讓自己做幾個創意冒險的白日夢？有沒有用童年喜歡的物品來寵愛你的小小藝術家？
2. 這禮拜你赴藝術之約了嗎？有沒有利用這個機會做點冒險的事？你做了什麼？覺得如何？
3. 這禮拜有心想事成的經驗嗎？是什麼事？
4. 這禮拜有什麼事對你的復原具有重大意義嗎？描述一下。

未意識到的內在狀況，以命運之姿出現於外在。

——榮格

Week 8

按部就班慢慢來

這一週要處理阻礙創造力的另一個關鍵——時間，探討你如何利用對時間的感覺，阻止自己冒險去創作。你將會指出在目前的生活裡，可以用上的即時和實用的改變。你將發現，早期的制約使你甘於限制自己盡情地發揮創造力。

經過大量練習，我將會成為這門藝術的大師。
——佛洛姆

生存

藝術家要面對許多難題，藝術的存活便是其中之一。在喪失希望、喪失顏面、喪失金錢、喪失自信之後，所有藝術家必須在失去之後學習存活的藝術。在藝術生涯中、在各種收穫之外，失落的傷痛是無可避免的事，它們是路障，但從很多方面看來，也可視爲路標。藝術的失落可以轉變成藝術的收穫和力量，但光靠藝術家內心煩憂是辦不到的。

精神科專家都知道，想克服和超越傷痛，必須先承認和分享傷痛。由於藝術家很少公開承認或哀悼損失，因而結成藝術傷疤，阻礙了藝術成長。藝術的失敗太痛苦、太愚蠢、太丟臉，不能分享，導致癒合成秘密的傷痛。

若說藝術創作是心血結晶，那麼藝術失落就是流產。保不住的胎兒總是讓婦女暗地裡傷痛萬分；書賣得不好、影片不賣座、畫作沒被評審選中、最好的壺碎了、詩被退稿、踝關節受傷導致整個舞季報銷，在在都令藝術家痛苦不已。

我們必須記住，內心的藝術家還小，解決理智問題的能力遠超過解決情緒問題的能力。對於張揚和哀悼傷痛，務必小心謹慎。

好作品不受歡迎；別人期望我們改變表達的方式或戲路，我們卻做不到；這些都是需要哀悼的藝術傷痛。「這種事誰都會遇到」或「我是在騙誰啊？」說這些話，於事無補；

邁出新的一步，說出一個新字，這是大家最害怕的事。

——杜斯妥也夫斯基（Fyodor Dostoyevski，俄國小說家）

未經哀悼的失望情緒，會阻礙我們追求未來的夢想。沒被選中演「我的」那個角色、未被公司錄用、表演被取消、話劇沒人寫劇評，這些都是傷痛。

最嚴重的藝術傷痛形式，應該是來自批評。內心藝術家和內心小孩一樣，很少會因爲實話而傷心。我再說一次，眞心的批評會解放藝術家。我們雖像幼童，但並不幼稚。當肯切又精準的批評直指問題核心時，我們的內心常會響起「啊哈！」的聲音。藝術家心想：「沒錯！我看出來了！說得對！我可以改一改！」

會傷害藝術家的批評，是那些不論善意或惡意，沒有事實根據，卻又傷人傷得理所當然，或披著無懈可擊的批判外衣，無法以理性反駁。

對於資淺的藝術家，老師、編輯、精神導師往往扮演著權威或雙親的角色。師生之間向來連結著神聖的信任感，若推翻了這層信任，其影響力相當於推翻了對父母的信任；以現在的說法是情緒亂倫。

滿懷信任的學生聽到老師信口開河，說好的作品很差、或沒有前途，或大師本人覺得學生的天分有限、誤以爲學生很有天分、也許根本沒天分等等。本質上，這些是人身攻擊，說得含糊不清，這種批評像暗中性騷擾，讓人覺得被玷污，卻又難以舉證。學生心生羞愧，覺得自己是個差勁的藝術家，更糟的是，再試下去就是傻瓜。

想像力比知識重要。

——愛因斯坦（Albert Einstein，相對論的創立者）

象牙塔

過去十年內，我有幸在學術叢林中冒著危險教學過一段時間。從我擔任駐校藝術家的經驗看來，許多學術界人士本身就是藝術家，卻對自己無法創作而深感挫折。他們的學識淵博，學問拉開了他們和本身渴望創作的距離，內心蘊藏的創造力帶給他們極大的困擾。學術份子以學者身分欣賞藝術，但當他們直接接觸藝術這頭猛獸時，卻心生膽顫。創意寫作課程讓他們疑心重重：參加的學員不只是研討創意，還要實際動手練習！誰曉得以後會有什麼發展？

我特別想到一位朋友，他是某電影系系主任，是一位電影才子，然而多年來無法也不願體驗創作的艱苦和打擊。他把驚人的創作欲望灌注在學生身上，儘管學生已盡了最大努力，但他有時仍管太多、有時則暗中破壞，藉此證明他有正當理由採取旁觀者的立場。

我很想討厭這個人（我確實討厭他的行爲），但又不由自主地同情他。他早期的影片明顯散發著創意，因爲受挫而暗淡的創意則使他自己的生活、接著使學生的生活蒙上陰影。他眞是名副其實的創意妖怪。

我花了數年時間、也教學了一陣子才領悟到，學術界對創意精神暗藏著更加微妙和致命的對手。公然的敵意當然是可以預期的，但更危險、更令人心寒的卻是拐彎抹角的詆讓尊敬和善待你的人圍繞在你身邊。

——布蕾克

對於理性思考的人，直覺的心理過程好像是把事情倒著做。

——葳克（Frances Wickes，童書作家）

戮，在學術叢林中扼殺學生的創意。

我想起在某著名研究大學的那段時期，教學同仁針對最詭異、最奇特電影主題，出版了各式各樣優秀的作品。這些同仁備受學術同儕敬重，對自己的學術領域也有深入研究；但對於接受他們指導的創意學生，他們實在不是什麼好榜樣，他們並未給學生補充最基本的營養——鼓勵。

創意很難用學術字眼來量化，創意的本質就是要避開這種桎梏。學院的學術生活建立在批評的藝術上，也就是解構創意作品的批評上。創作本身的藝術和創意架構的藝術，幾乎沒有人支持、了解和讚賞。坦白說，大多數學術份子都知道怎麼把東西拆散，但不會組合。

學生的作品被仔細檢視後，很少受到讚賞。而且應該說完全相反，不管其眞正的成就如何，總是只被檢討缺點。我一再看到有潛力的作品，被應該如何、可以如何、也許如何的炮火猛攻，卻不論及作品本身。

我無意要學術界變成吹捧藝術家的工作室；我只是認爲，想在那種環境裡存在、成長、甚至發達的藝術家，必須知道，追求知識的動力和創造力的驅動背道而馳。用腦過度的藝術家等於在自殘。這並不是說，藝術家不用吃苦；其實藝術家的苦頭來自他處，只是學術界通常不願承認。

信任訴說出「也許會成功，我要試試看」的小小低沉聲音。

——瑪麗契兒（Diane Mariechild，作家）

藝術家和學術份子不是同一種動物，我剛成爲藝術家的時候，一直想不通這一點。我本身頗有評論天分，還因爲評論而贏得幾次全國性大獎。我很後悔自己把這些技巧誤用來批評自己或別人早期的藝術嘗試。資淺的藝術家是幼苗，早期作品看起來像是雜木林、矮樹叢，甚至野草。學術殿堂偏好崇高的知識理論，對森林覆被沒什麼興趣。許多創意才子因爲無法符合不屬於自己的規範，很早就遭受不公平的對待而嚇得止步，這一點讓身爲老師的我非常難過。我希望閱讀並運用本書的學術界人士能夠改變，以欣賞成長的態度，給予資淺藝術家成長的機會。換句話說，我們就如同高大的樹木，樹與樹之間有剛萌芽的藝術家，我們不可任意在他們身上揮灑批評的惡勢力。

許多天才藝術家少了特殊工具和足夠的自我力量，在遭受這種打擊之後，會萎靡不振好幾年。年輕藝術家爲了被誤認缺乏才氣而慚愧、爲了「偉大」夢想而慚愧，紛紛懷抱才華轉戰商界，最後忘記要做出開創性（冒險性）作品的夢想。他們不當作家而當起編輯，不當電影導演而當起剪接師，不當純藝術家而當起商業藝術家；他們困在離夢想不遠處，卻走不過去。藝術家往往是靠膽大妄爲，而不是靠眞正的才氣博得名聲。有許多藝術家比大家所推崇的藝術家更具才氣，卻因膽子不夠大，導致惡意批評並摘去其新芽，或因爲無人賞識，營養不良而枯萎。若想重拾希望和創作的勇氣，必須承認並哀悼阻礙我們的傷痕；這段心路歷程看似痛苦又不值一提，卻是必經的過程。青少年必須向跋扈的父母爭取人唯有從已知進入未知，才能學習。

——伯納（Claude Bernard，法國生理學家）

自主權，藝術家也必須和刻薄的藝術良師爭取自主權。

泰德寫完第一本小說後，勇敢的寄給一位出版經紀人，還附上一張百元美金的支票，酬謝他撥冗閱讀的時間和心力。然而回信只有一張紙，上面寫著不管用、不負責任、含糊其辭的反應：「這部小說好壞參半，是最糟的那一種。我沒辦法告訴你該怎麼修改，建議你扔了吧！」

當我認識泰德時，他已經僵化了七年。他和多數新手一樣，沒想到要徵詢其他人的意見。泰德費了好大的勁才把小說交到我手上。站在朋友的立場，這本小說被糟蹋，令我心碎。站在專業的立場，我很欣賞，因此把他變成第一位由我帶領走出阻礙的學員。

我這麼開始：「拜託你繼續寫下去，你做得到，我知道你做得到。」泰德願意冒險去除障礙，直到現在，他已經寫了十二年的晨間隨筆。他寫過三部小說和兩部電影，有位能幹的出版經紀人，名氣也扶搖直上。

泰德必須重溫並哀悼年輕時寫作所遭遇的傷痛，才能開創出今天的局面。這道傷口使他荒廢了數年時光，他必須接受這項事實，他必須一頁又一頁、一天又一天地慢慢堅強起來。

藝術家和運動員一樣也有職業傷害。參加比賽就避免不了會受傷，但重點在於不要被擊倒，並且學著自我療癒。運動員若疏忽了肌肉酸痛，日後可能造成撕裂傷；同樣的，藝術家若將傷痛的悲哀掩埋起來，最後只會讓自己不再出聲。帶著尊嚴承認受過藝術傷害，是療癒的第一步。

清點藝術傷害時，一定要承認自己造成的傷口，才算徹底。身爲藝術家，會有很多人給我們機會，然而我們都因爲猶豫、害怕、自視甚低、或單純爲了其他事情而拒絕。

有個城市提供葛瑞絲藝術獎學金，但她不想離開男朋友傑瑞，因而回絕了那份獎學金。

一個遠方城市提供傑克他夢寐以求的工作，工作很棒，而且是他專攻的領域，但因朋友和家人都和他同在一個地方，所以他回絕了。

安琪拉因爲一部很差的話劇，獲得極差的戲評。緊接著一齣具有挑戰性的話劇請她擔任主角，她拒絕了。

多年後，我們會因爲沒有把握這些機會而懊惱不已。稍後我們再詳細討論藝術逆轉的問題，但是現在，細數這些傷痛即是療癒過程的開始。

塞翁失馬

藝術是建構時間的行爲。「藝術要從這個角度來看。」某藝術作品這麼說，「這是我的看法。」我淘氣的小說家朋友貝比茲（Eve Babitz）表示，「一切端視你怎麼看。」在我不指望自己的藝術能提供所有答案，只能希望不斷問對問題。

——哈提根（Grace Hartigan，畫家）

處理藝術傷痛時，這句話更顯得有道理。每次的傷痛，務必都要視為未來的收穫；一切決定於你看事情的方式。

每個結束，就是一個開始。誰都知道這句話，但我們在悲傷時很容易就忘記。由於遭遇過傷痛的打擊，我們理所當然只注意發生過的事，作品成功、大受歡迎的美夢已破碎。我們必須把注意力放在未來，但這並不容易，因為未來不知道是什麼模樣；如果現在就這麼傷心，未來想必是痛苦的。

「塞翁失馬」是藝術家的萬能工具，只要放膽問：「這個挫折對我有什麼幫助？能指引我的作品往哪個方向前進？」就能獲得這項工具，答案能讓你驚訝，也能使你自由。秘訣在於將痛苦轉化成能量，而轉化的關鍵在於：只要肯用不同的眼光看世界、只要肯通過不敢走進的大門，你就能知道、相信並表現出有一絲希望的存在。

「想接到球，那麼你得想要接球才行。」電影導演卡薩維茲（John Cassavetes）曾對某位年輕導演這麼說。聽到這句話，我的解讀是：「不要再嫌人家丟球的弧度太差，伸手去拿你真正要的東西。」我一直試著遵循這句忠告。

我玩了好幾年的影城輪盤賭；創作的劇本一再出售，但拍不成電影；佳作一再枯坐在影城的架子上，進了影城大門又被送回來；談妥開拍的影片，隔天就陣亡，只活在我這個製片家破碎的心中。

藝術是溝通的技巧，意象是所有溝通中最完整的技巧。

——歐登柏格（Claes Oldenburg，普普藝術大師）

「事情就是這樣，」一再有人告訴我：「如果想拍出自己的電影，你必須先把自己當成作家推銷——如果你的劇本成功拍成電影、如果那部影片賣座、如果景氣好一點，然後你也許有機會當導演……」

這種老掉牙的智慧，我聽了好長一段時間，卻一次又一次受傷，劇本寫了又寫。最後我受夠了，開始尋找另一扇門，一扇以前我拒絕穿過的門。我決定接住球：我成爲獨立製片。

我離開好萊塢去芝加哥，用我寫《邁阿密風雲》劇本的稿費，買了部二手攝影機，拍攝自己的四十年代浪漫喜劇電影。影片花了三萬一千元美金拍好，看起來有模有樣；接著，配樂錄音帶竟然失竊，但我還是完成影片，全部配好音（是的，這很瘋狂，而我敬重的卡薩維茲也是如此）。結果這部片子賣到國外大獲好評，我的收穫很大。

因爲我沒問「這種事爲什麼會發生在我身上？」，而是問「該怎麼做？」現在我擁有第一部電影。如果我不自己動手，也許會有這部片子，也許不會有。我從一九七四年開始拚命認眞寫電影劇本，我寫過也賣過劇情片、短片、紀錄片、眞實事件改編的劇本、電視劇、當週電影、品質低落的片子、迷你劇集，執導過一部劇情片和六部短片。比較不爲人知的是，我爲謀生也爲愛好，一直在修改劇本，有時掛名，有時不掛名。

再多說一點，我寫過一百多篇電影隨筆、電影訪談、內幕報導、趨勢報導、美學報導；此外，我也替不同風格的出版物，如《滾石》音樂雜誌、《紐約時報》、《村聲雜誌》、《紐約》、《新西部》、《洛杉磯時報》、《芝加哥論壇》寫稿。最有名的當屬《美國電影》雜誌，我當了很多年的特約編輯。簡言之，可以說我替自己最熱愛的藝術形式使盡渾身解數。

爲什麼要如此多元化的多頭創作呢？因爲我熱愛電影、熱愛拍片，同時不想被傷痛擊倒。每次受到傷害時，我學會問對問題，不要問：「這種事爲什麼會發生在我身上？」而要問：「接下來要做什麼？」

只要願意問「接下來必須做什麼？」，我就已經向前邁進一步。只要被拒絕而就此罷休，我就會困住，動彈不得。我已經學到，職業生涯持久不墜的關鍵，在於自我激勵和選擇。

看看長期成功的創意事業，就能看到這項原則的實踐。著名的錄影攝影師克拉克（Shirley Clarke），最早從事的創意工作是舞者，她當初成爲製片，是想拍些好的舞蹈片。克拉克在歐洲聲名大噪，加上在美國工作室的導演工作，使她成爲一流的劇情片導演。她是第一位在哈林區拍攝劇情片的美國導演，是第一位探索手持攝影機能耐的美國導演，是啓發卡薩維茲、史柯西斯（Martin Scorsese）、舒拉達（Paul Shrader）藝術構想的美國導演。唉，她是一位女性，活在艱困的年代，在拍片收入用罄時，她成爲首批錄影帶藝術現實世界的範圍有限，想像的世界則沒有界限。

——盧梭（Jean-Jacques Rousseau，思想家、作家）

家，和謝普（Sam Shepard，演員及歌手）、帕普（Joseph Papp，導演）、柯曼（Ornette Coleman，爵士樂大師）合作。克拉克顯然很清楚，移動的目標不容易擊中、某個創意途徑受阻，她就另闢途徑。

電影史上多的是這類故事，卡山（Elia Kazan）當導演時不受歡迎，他就改寫小說。導演卡薩維茲也是個好演員，他拿演戲的收入資助自己當導演，因爲他的影片自成一格，沒有一家片廠肯出資。卡薩維茲說：「如果他們不肯拍成劇情片，我來拍。」他說到做到。他不讓自己受阻，而是尋找另一扇門。

女演員兼製片杜瓦（Shelley Duvall）也是。如果她沒戲演的時候只會在家裡發牢騷，不另找管道發揮創造力，我們就欣賞不到精彩的童話劇場系列。據說Non illegitimi te carborundum是戰俘營牆上的塗鴉，這句話對藝術家很重要，大概的意思是，「別讓混蛋騎在你頭上。」

牢記這句話的藝術家才能活下去，往往也會勝出，關鍵就在於行動。要儘快從痛苦中獲益，否則會變得鐵石心腸，讓採取任何行動變得很困難。

在面臨傷痛的時候，要立刻做一件小事來支持內心的藝術家，就算只是買一束鬱金香或一本寫生簿，這個行動等於說：「我知道你和你的痛苦。我向你保證未來值得期待。」內心的藝術家和小小孩一樣需要媽媽的呵護，「噢，好痛，來吃點東西，唱首搖籃曲，答應你……」

有位導演朋友告訴我，他在最難過的那些夜晚——新片開拍前夕、事業搞砸、確定不會再找到工作的時候，他一個人在黑暗中哄自己入睡：「拍不成三十五釐米，我還是能拍十六釐米片；拍不成十六釐米片，我就拍錄影帶；拍不成錄影帶，我就拍超八（super 8mm）。」

年齡和時間：成品和過程

問題：等我學會彈鋼琴，你知道我都幾歲了嗎？

答案：如果你不學也是這個年紀。

「我年紀太大」和「我沒有錢花在這方面」，並列為阻礙大謊言，我們藉此阻止自己做進一步的探索。新手要付出自尊心受損的情緒代價，所以我們告訴自己「我年紀太大了」，以免受到傷害。

我在三十五歲那年對自己說：「我年紀太大，不能去唸電影學校。」就讀電影學校後，我發現自己確實比同學大了十五歲，但我也發現自己比較有創作欲望、人生歷練比較豐富、學習曲線比較強烈。現在我在電影學校任教，發現到起步較晚的人，通常是表現最好的學生。

滿足好奇心是造成幸福人生最偉大的根源之一。

——鮑林（Linus Pauling，先後獲得諾貝爾化學獎及和平獎）

我聽過很多學員發牢騷：「我年紀太大不能當演員。」我要說的是，他們還眞會演呢！當我說沒這回事的時候，他們聽了總是不高興。傑出演員馬洪尼（John Mahoney）直到快四十歲才開始演戲，在成功演出十年後，他現在經常有三部片約在身，並且和世界各地最好的導演合作。

「我年紀太大當不成作家。」是常聽到的另一句牢騷，更是爲了顧全面子而胡說八道。錢德勒（Raymond Chandler，著名偵探小說家）直到快五十歲才出版第一本小說；一流的小說《夏日之戀》（*Jules and Jim*）是一位七十幾歲男子的第一部小說。

「我年紀太大」是推託之辭，總是用來逃避和恐懼面對面。

現在來看看另一方的說法：「等我退休的時候再試試看。」這也同樣有意思，就是繞個圈子顧全面子。我們的文化讚美年輕，鼓勵年輕人自由嘗試；我們看不起老人家，卻給了他們做點瘋狂事的權利。

許多受阻的藝術家告訴自己，因爲太老或太年輕而不能允許自己追尋夢想。又老又瘋癲的時候可以試試，年輕又愚蠢的時候可以試試；不論是前者或後者，探索創意的前提是要瘋狂。我們不想看起來瘋瘋癲癲，然而在這個年紀（不管是幾歲）嘗試哪種事（不管是什麼事），看起來都會像個瘋子。

是的，也許。

創造力出現在當下，時間在當下沒有意義，這是在恢復創意過程中的發現。赴完藝術之約，心滿意足的我們會說：「覺得自己像個孩子。」孩子不會裝模作樣，一旦創意正在疏通，我們也不會裝模作樣。

「要多久才學得會？」我們站在渴望加入的活動場外觀看，也許會這麼問。

「一年時間也許能學得不錯。」答案是，「看情形。」

受阻的創意人喜歡假裝一年、甚至幾年是很長很長的時間，自尊心擅用這個技倆不讓我們開始。我們讓自己踏上創意之旅，卻反而只在乎旅程的時間長短。我們對自己說：「路途好遙遠。」也許遙遠，但是動一天算一天，向目標邁進總是件樂事。

迴避藝術、厭惡藝術的關鍵，其實是對過程的排斥。我們喜歡專注於學到一項技巧或完成一件藝術作品，因注重最後形式而忽略了一項事實：創造力出現在動手做的時候，而非作品完成之後。

「我已經寫好劇本」，能讓自我得意；但「我正在寫劇本」，絕對會讓靈魂更感興趣。「我正在學演戲」絕對比「我幾年前學過演戲」有趣得多。

從某種意義上來說，創意的行爲永遠沒有完成的一天。演戲是學不完的，因爲永遠還有東西要學。眞要說起來，電影是拍不成的，因爲即使是幾年之後，也是能夠重拍。如果一直做下去，才會知道以前的做法可以怎麼修正、接下去要怎麼做。這不表示完成的作品沒有價值；絕對不是這個意思，這只是表示，動手做能指引方向，讓我們做出更好的新作品。

注重過程，創意生活會保持新鮮感；注重成品，同樣的創意生活會變得愚蠢或貧乏。身處消費者導向的社會，我們沉溺於產品無法自拔，也沉溺於藝術製造出成品的觀念。這種聚焦方式對創造力產生很多障礙。從事藝術這一行，我們也許想探討新的藝術領域，但又看不到未來的發展，不知道對事業有沒有好處。只求展示成果，不得不抑止自己的好奇心，殊不知壓抑好奇心就會阻撓創意。

我們利用年齡來阻礙創作，加上務必看到成果的惡毒想法；我們把某些活動設定適合的年齡：大學畢業，進醫學院，寫第一本書。虛偽的自負條件要求我們把事情做完，但我們真正的渴望卻是開始做一件事。

「要不是坐在小伙子身邊看起來很蠢，我就會報名參加即興表演課程。」

「要是身材看起來和二十年前一樣，我就會去青年會跳爵士韻律。」

「要不是怕被家人當作老傻瓜，我會重新開始彈鋼琴。我還記得一些以前學過的東西。」

如果你覺得這些藉口開始顯得站不住腳，很好！問問自己有沒有用過這類藉口；再問問自己，儘管放不下身段，你能不能虛心地開始做一件事。

顏色有邏輯可言，畫家只能服膺這項邏輯，而不是服從腦子的邏輯。

——塞尚（Paul Cézanne，印象派畫家）

藝術？去做就對了。
——瑞特

從容地從入門學起，這是藝術家的最佳祝禱。初學者虛心又受教，才能去試探，試探才能有所成就。任何事情都是從開始學著手，起步永遠是顫顫驚驚的一小步。

按部就班

我說的「按部就班」是什麼意思？我的意思是，跨出一小步就好，不要還沒準備好就往前跳一大步。講得清楚點就是，想賣電影劇本，必須先寫好劇本；想寫劇本，必須先想出點子，寫在紙上，一次寫一頁，寫到劇本有一百二十頁爲止。按部就班表示你要每天寫，表示當你覺得（你一定會覺得）這個鬼東西一無是處，並且對此想法深信不疑時，你會告訴自己，這個問題以後再處理，並回頭繼續做該做的事。這表示，你寫完今天該寫的份了。

如果把劇本拆成每天要寫的量，你很快就能寫完當天的份量——衣服還沒洗好就寫完了。然後你一整天都不會感到內疚，也比較不會焦慮。

接下來該做的事大多都是些小事：清洗畫筆，到美術用品店買黏土，從當地報紙找有哪些演技訓練班開課……。基本上，最好就是承諾，每天都要替自己的創造力採取一個行動。按部就班是承諾每天採取行動。

當大家嚮往更有創意的生活時，嘴上雖不說，卻又懷著不肯承認的期待或恐懼，認爲自己必須放棄熟悉的生活。

「不離婚我沒辦法寫作。」

「繼續做這份無聊的工作，我沒辦法拾起畫筆。」

「住在芝加哥、或西雅圖、或亞特蘭大，我沒辦法投入演戲的行列。」

被侷限住的創意人總以爲，一瞬間就會使整個生命改觀。這種誇張的念頭，往往正是無法行動的原因。復原的藝術家把目標設得太遠大、代價定得太高昂，就會啓動失敗。心裡想著要和太太離婚、遠離家鄉，誰還能專心上第一節素描課？想和男友分手好專心從事藝術，所以忙著翻閱房屋分租廣告，誰還能跳出現代爵士舞？

創意人很戲劇化，以爲非要一次搞定，並具有毀滅性的變化不可。我們利用負面劇情扼殺了自己的創造力。我們幻想自己全天候在追求藝術，結果連部分時間都撥不出，或甚至完全不花時間追求藝術。

不花時間一天寫三頁劇本，反而花時間擔心若劇本賣了要怎麼搬到好萊塢。既然忙著擔心賣劇本，以致沒時間寫作，又怎麼可能搬到好萊塢？

不去文化中心打聽人體素描的開課時間，反而去買《藝術總匯》（*Art Forum*）雜誌來提醒自己的作品已經過時。怎麼可能過時？都還沒搞出半點名堂來呢！

不在廚房清理一塊地方來捏陶，反而抱怨沒有工作室可用。我們一件作品都沒有，這種埋怨連自己都不會當眞。

如果成爲眞正的藝術家，會過什麼樣的生活。我們沉醉在這種狂熱的遐想中，反而看不到當下可以做到的小變化。這種往遠處看的想法，是背離現實的。創意生活建立在許許多多的小步驟，和很少很少的大躍進之上。

只要向夢想緊張地跨出蹣跚一步，而不是衝向懸崖，站在崖邊發抖著說：「我不能跳，我不能，我不能……」

沒有人要你跳下去，那只是在演戲。想要恢復創意力，在紙張上、畫布上、黏土裡、演技課裡演；只要是創意行爲，不管多麼微不足道都能演。

創造力需要行動力，大家都不喜歡這種說法；這表示我們要負起責任，而每個人都厭惡負責。你是說我得做點什麼事才會覺得比較好？

是的。但是，只要能沉溺在別的事情裡，多數人都厭惡去做點什麼事。我們最愛做的一件事，不是藝術，而是衡量得失。

從事創意工作，衡量得失就等於喝下情緒毒藥，剝奪了「藝術即過程」的尊嚴，使我們任外界的假想力量擺佈。喝下去後，我們的情緒會嚴重受創，變得只會問「有什麼用？」，而不問「下一步要做什麼？」

一般說來，衡量得失是爲了拖延接下來該做的事。我們用焦慮上癮來取代行動上癮，一旦染上這個毛病就完了。觀察自己一個禮拜，注意你用什麼方法來煩惱（這和找大麻來抽差不多），以便打消或至少拖延下一個創意行動。

你空出一個上午來寫作或作畫，卻想到有髒衣服要洗。「我先想想要畫什麼，趁著摺衣服的時候整理一下想法。」你對自己這麼說，然而你眞正的意思是：「我什麼都不畫，再多想想吧。」不知怎麼的，衣服一洗，就洗了一上午。

自我設限的創意人大多焦慮成癮，寧願受點苦，偶爾恐慌到心肌梗塞，也不肯朝著正確方向，規規矩矩地每天走個幾小步。

按部就班意謂著，我們必須做目前能做的事，而不是抱怨做不到的事，藉故推拖。我當導演的時候注意到，有戲演的演員都是那些「做事」的演員，不管他們有沒有工作在身。我心裡想的正是可麗斯基（Marge Kottlisky），她是優秀的舞台和電影演員，總是有時間配合工作和寫作工作坊學員的作品。劇作家曼米（David Mamet）年輕時，曾和可麗斯基在芝加哥的聖尼古拉劇院集團合作過。曼米現在年紀稍長、成就更大，只要他有作品，可麗斯基就和他合作。她不仰仗任何創意桂冠，反而抱著健康的心態，讓創造力永不止息。沒有演出的時候，她就去上課，不讓自己閒著；只要有新劇本要排練對白，她一定有空參加。她和所有演員一樣，深怕「以後沒有工作」；但她和不怎麼投入的演員不同的是，她工作從來不是只爲了別人或爲了酬勞。對，她要酬勞。我並不是說演員應該做白做出生命的重大決定時，不會有敲鑼打鼓。命運是在沉默中透露。

——德米爾

工；我要說的是，做事才有事做。在創意生活中，小行動會帶領我們做出大動作。

許多演員放膽把演藝事業交付給經紀人，卻不用靈魂監護自己的藝術。一旦經紀人掌管你的創意生活，你很容易就會推託「是經紀人不夠努力」，卻不問自己有沒有磨練演技。按部就班。在目前的生活階段，你能做什麼？去做吧！

每天做一個小動作，不要沉溺在大問題裡。一旦讓自己沉溺在大問題裡，你就找不到小答案。現在談的是，基於尊重而改變的觀念：尊重目前所在的位置和想去的地方。我們不是要大刀闊斧的改變（雖然會有那麼一天），只要配合現況，這份工作、這幢房子、這段感情，以創意採取行動。

復原的創意人都會因爲失落的歲月而感到憤怒和悲哀，當這些創意行動完成後，我們迫不及待想除去過往痕跡，脫離目前的生活。反過頭來，在你目前的處境中做些小變化。發揮創意，小心地跨出一步，直到自然而然變成更大更新的步伐。

詩人羅斯凱的說法是：「赴必赴之地，我學習之。」在按部就班時就會發現，往往不需要做大的改變，因爲大變化就發生在微小片段中。從太空飛行的角度想會比較容易：只要稍微變更發射軌道，時間久了，差別就大了。

練習：早期模式

雖然我們很少把這些點連結起來，但目前的失落大多來自早期的調教。大人對小孩說他們什麼事都做不成，或者也同樣令人受傷的，可以輕而易舉做任何事。這兩個傳達出的訊息都阻礙了受話人。下列問題是要幫助你糾正和破解自己的制約行爲，有些看起來或許不管用，但不論激發了你什麼，都要寫下來。

1. 小時候爸爸認爲我的藝術是______，使我覺得______。
2. 我記得有一次他______。
3. 對那件事我覺得很______和______，從來沒有忘記。
4. 小時候媽媽說我的白日夢是______。
5. 我記得她叫我別作夢了，要我記住______。
6. 我記得有個人對我抱著信心，這個人是______。
7. 我記得有一次______。
8. 對那件事我覺得很______和______，從來沒有忘記。
9. 是______毀了我當藝術家的機會。

我存在世間的唯一目的是作曲。

——舒伯特（Franz Schubert，奧地利作曲家）

10. 從上面那件事我學到一個負面教訓，我知道不合理，但還是相信，我沒辦法________也當不成藝術家。

11. 我在小時候學到________和________是罪惡，要特別小心提防。

12. 在長大的過程中，我覺得藝術家是________人。

13. 毀了我自信的老師是________。

14. 這位老師對我說________。

15. 我相信這位老師的話，因爲________。

16. 爲我樹立好榜樣的心靈導師是________。

17. 別人說我有才華時，我覺得他們是想________。

18. 重點是，我懷疑________。

19. 我就是沒辦法相信________。

20. 如果我眞的相信自己有才華，________和________和________和________可眞是把我氣壞了。

正面陳述

下列的肯定句，肯定你有權利發揮創造力。選出五句，這禮拜運用這五個句子。

我是有才華的人。
我有權利當藝術家。
我是好人，也是好藝術家。
我接納創造的福氣。
我的創造力賜福他人。
我的創造力受到賞識。
我現在要對自我和創造力更加溫柔。
我現在要對自我和創造力更加大方。
我現在更加公開分享創造力。
我現在接納希望。
我現在正面積極行動。
我現在接納創意復原。
我現在允許自我療癒。
我現在接納神的幫助以開展生命。
我現在相信神愛藝術家。

渴望是你的祈禱，想像渴望實現的畫面，實際去感受，你就能經歷祈禱成真的喜悅。

——莫非博士（Dr. Joseph Murphy，發揮自我潛能大師）

作業

1. 搜尋目標：也許你會覺得這個練習有困難，但還是做做看。如果你有好幾個夢想，每個夢想各做一次練習。用具體的細節想像夢想，這個簡單的動作有助於美夢成眞。把搜尋目標想成建築師的初步藍圖，畫出自己嚮往的生活。

步驟

(1) 列出夢想。沒錯，用筆寫下來。「在完美的世界裡，我私底下很想變成＿＿＿＿＿＿＿＿。」

(2) 列出一個具體目標作爲你成功的指標，在情緒羅盤上，此目標是你的正北方。（注意：有兩個人都想當演員，她們的夢想相同。一位把登上《時人》雜誌當做具體目標，對她而言，風光是夢想的情緒核心，風光是正北方。第二位演員的具體目標是在百老匯的舞台劇中獲得好評，對她而言，被推崇爲創意藝術家是夢想的情緒核心，推崇是正北方。第一位演員也許甘於當連續劇明星，第二位演員則需要上舞台才能完成夢想。表面上看來，兩個人想要的是同一件事。）

(3) 在完美的世界裡，五年內，你想和自己的夢想與正北方出現什麼樣的關係？

(4)現在居住的世界裡，今年你能採取什麼行動向夢想靠近？

(5)這個月你能採取什麼行動？這個禮拜？今天？現在？

(6)列出夢想（例如，成爲著名電影導演），列出夢想的正北方（尊重和更高層次的意識，大眾傳播），挑選一個榜樣（華特・迪士尼、霍華（Ron Howard）、鮑威爾（Michael Powell））」，擬訂行動計劃：五年，三年，一年，一個月，一星期，現在。選出一項行動。閱讀本書算一項行動。

2. 新童年：如果你的教養環境十全十美，你會成爲什麼模樣？寫滿一張紙描述幻想中的童年，你會獲得什麼東西？你現在可以朝這方向重新養育自己嗎？

3. 顏色計劃：挑一個顏色，以第一人稱很快地用幾個句子形容自己。「我是銀色，高科技又脫俗，夢想和成就的顏色，半亮的中間色，我覺得安詳。」或「我是紅色，我是熱情、落日、憤怒、血液、美酒和玫瑰、軍隊、謀殺、渴望、蘋果。」你最喜歡什麼顏色？你有什麼東西是那個顏色？整個房間都是這個顏色如何？這是你的生活，你的房子。

4. 列出五件不能做的事：殺死老闆，在教堂尖叫，裸體外出，出糗，辭職。現在在紙上做這件事，寫出來、描出來、畫出來、演出來、拼貼出來。現在放點音樂，跳出來。

5. 尋找風格：列出二十件你想做的事（也許和以前列的二十件一樣，也許不一樣）。

針對每件事回答下列問題：

這件事要花錢還是免費？

很貴還是便宜？

單獨還是要有伴？

和工作有關嗎？

身體會受傷嗎？

節奏是快還是慢？

身，心，靈？

6. 理想日：在目前的生活狀況下，利用上面收集的資料，安排完美的一天。

7. 理想理想日：如果能過心裡嚮往的生活，安排這完美的一天。沒有限制，想要什麼、想做什麼都可以。理想的環境、工作、家庭、交友、親密關係、在從事藝術形式中的境界，把夢想發揮到極限。

8. 從理想日中挑出一個歡樂情境，讓自己置身其中。也許沒辦法搬到羅馬住，但是在亂七八糟的公寓裡，可以自己泡杯卡布奇諾、烤個可頌麵包。

檢查

1. 這禮拜你寫了幾天晨間隨筆？（有沒有很想放棄？）你有什麼感受？
2. 這禮拜你赴藝術之約了嗎？（有沒有讓工作狂熱和其他約定破壞了這個規矩？）你做了什麼事？感覺如何？
3. 這禮拜有沒有心想事成？是什麼事？
4. 這禮拜有什麼事對你的復原具有重大意義？描述一下。

Week 9

善待自己的困境

這一週要面對創造力的內在阻礙，這時我們可能會想棄甲而逃。千萬不要！我們接著將探討和承認，過去在藝術創作時困擾我們的難題，以往失敗引起的羞愧要試圖療癒。被驚嚇過的小小藝術家一心想在創意方面有所成就，我們要重新呵護照顧，同時培養善待的心。我們要學會用工具去除情緒障礙，鼓勵再次冒險。

恐懼

藝術家復原時要完成一項重要任務：學著將事物和我們自己冠上正確名稱。多年來，我們以錯誤的稱呼來形容自己的行爲。我們一直想創作，又一直無法創作，我們把這沒辦法說成惰性。這種說法不但錯誤，還很殘忍。正確和憐憫對我們才有幫助。

受挫的藝術家並不懶惰，而是遇到阻礙。

受挫和懶惰是兩回事；受挫的藝術家向來耗費大量精力，只是不明顯而已。受挫的藝術家把精力用在自我憎恨、懊悔、傷心和妒忌，他們把能量用來懷疑自我。

遇到瓶頸的藝術家不知道如何邁出一小步；相反的，他們只想可怕又大規模的不可能任務：寫小說、拍劇情片、單人秀、唱歌劇。若是不能達成、甚至開始這些大型任務，受挫的藝術家就稱此爲懶惰。

無法開始不叫懶惰，而是恐懼。

恐懼才是受挫藝術家眞正的苦惱——可能是害怕失敗、可能是害怕成功，最普遍的是害怕放肆，而這股恐懼源自童年的現實生活。受挫藝術家在努力成爲藝術家的過程中，多數都違背了父母的善意勸導或正確判斷，對年幼者來說，這是極大的衝突。對抗父母的價值觀意謂著，你最好搞清楚自己在做什麼，你最好不是只當個藝術家；如果你讓父母這麼傷心，你最好當個偉大的藝術家。

孩子叛逆時，父母的確受到傷害。孩子自稱爲藝術家時，通常會被父母視爲是叛逆的行爲。不幸的是，視藝術家生活是青春期叛逆行爲的看法會延伸下去，因此只要是和藝術相關的行爲，都有可能和心愛的人分離或失去心愛的人。由於藝術家還渴望追求創作目標，所以會心生內疚。

這股罪惡感使他們在設立目標時，立刻決定要成爲偉大的藝術家，以證實自己叛逆有理。

想成爲偉大的藝術家，就很難成爲藝術家。
想作出偉大的藝術作品，就很難作出藝術作品。

知道啓動一件事很困難，並不表示你做不到，這表示你需要上蒼、支持你的朋友和自我的幫助。首先，你必須允許自己開始邁出一小步，如嬰兒學步般向前走，這些步伐務必要獲得獎勵。設定不可能達成的目標會造成極度恐懼，恐懼又造成拖延，讓我們誤稱爲是懶惰。

拖延不叫做懶惰，叫害怕。

阻礙了藝術家的是害怕：怕不夠好，怕沒有結果，怕失敗，怕成功，根本就怕開始。根治恐懼只有一種藥方，這帖藥方就是愛。

用愛療癒內在藝術家的恐懼。

不要對自己大吼大叫，要客客氣氣，替恐懼正名。

熱忱

「想當藝術家，必須重視紀律。」希望當藝術家卻無法如願的人，常常一番好意地對我們這樣說說。好誘惑，好動人；他們引誘我們在觀眾羨慕的眼光前，精心表現出英雄和斯巴達的形象——同時也是虛假的形象。

藝術家把自我形象建立在軍事紀律上，是很危險的事。紀律在短期內有效，但有效的時間則不長。紀律的本質起源於自命不凡（把紀律想像成電池，有用但壽命短），我們讚歎自己了不起，紀律成了重點，展現創造力反而不是。

最會創造的那一部分自我，不是靠紀律驅動的機械裝置，不是靠意志力運轉，也不是靠自尊心加持。這是固執己見的做法，你知道那種模樣：黎明即起，分秒不差，向書桌、畫架、製圖板行禮如儀……

想要長時間當藝術家，需要的熱忱遠遠超過紀律。熱忱不是一種情緒狀態；熱忱是心靈的承諾，是懷著愛意向創意過程臣服，是對環繞我們四周的創造力有一種愛的認同。

熱忱（來自希臘文「充滿神」）是從生命本身的流暢，取出源源不絕的能量補給。熱

給我搖擺，其餘免談。

——艾靈頓公爵和米爾斯（Duke Ellington and Irving Mills）

藝術喚起世界存在所不可或缺的神祕。

——馬格利特（René-François-Ghislain Magritte，比利時畫家）

忱來自玩樂，而非工作。內心的藝術家其實是個內在孩子、內在玩伴，絕非不動腦筋的軍人。玩伴要能帶來喜悅，而非義務，這樣友誼才能長存。

沒錯，內心的藝術家會在黎明時刻起床，在寧靜的清晨和鍵盤或畫架打招呼，但這是因爲孩子熱愛秘密探險，而不是出自鐵的紀律。別人視之爲紀律，其實只是我們和內心小小藝術家的玩伴：「我們早上六點見，然後玩玩劇本、畫作、雕塑……」

把工作當成玩樂，最能誘使小小藝術家工作，顏料是黏答答的玩意兒，六十支削尖的鉛筆是樂趣。很多作家刻意不用電腦，因爲打字機扎實的敲打聲像是小馬跑步，聽了既讓人心安，又不覺得孤單。想把工作做好，藝術家發現最好是把工作區域當成玩樂區。恐龍壁畫、十元商店的玩具、小型耶誕燈飾、紙妖怪、吊起來的水晶飾品、開滿花朵的樹枝、魚缸……

我們對眞正的藝術家有種浪漫的想法，以爲他們的房間需比照僧侶般陽春和克難。這種想法雖然動人，但事實上，房間要有點雜亂才行得通。在空蕩蕩的房間裡，小孩多半會因無聊而變得傻乎乎，我們的小小藝術家也不例外。

記住，藝術是過程，過程應該充滿樂趣。對目標而言，「旅程永遠是唯一的目的地」，可以詮釋爲，創作其實是創意本身在時間的田野中玩耍。玩耍的核心正是喜悅之謎。

創意逆轉

從創意瓶頸中復原，和從重大疾病或傷害中復原一樣，需要對健康有所承諾。在某個階段，我們必須主動捨棄情緒病患特有的喜悅和特權。多產的藝術家通常很快樂。這時向來以不快樂來達到滿足自己需求的人，會有很具威脅性的自我概念。

「我很想這麼做，但你知道……我怕得不敢動……」，能引起別人的注意。和健全的藝術家相比，跛腳鴨藝術家更能博得同情。在創意領域中，沉溺於同情而無法自拔的人，在變得愈來愈健全的同時，心裡也顯得更加不安。很多復原中的藝術家，內心不安到來個大逆轉殘害自己。

創意切腹的時機，通常出現在首次創意告捷的前夕或後一天（一首詩、一份演戲工作、一首歌、一篇短篇故事、一部影片……任何成功）。成功的光芒，能把復原中的藝術家嚇得躲回自我挫敗的洞穴中。與其冒險堅持創作和保持正常，還不如扮演創意受阻的受害者，來得較爲自在。

突如其來的冷漠就是藝術逆轉的降臨，我們用「哇，這東西重要嗎？這只不過是個開始，別人的進度比我快多了……」，迎接新出爐的作品或欣喜的過程。

對，如果我們停止工作，他們就會保持領先。重點是，從我們受困開始，我們已旅行人無法拒絕做最能帶來樂趣的事，樂趣超越所有想像的行動。

——斯湯達爾
（Stendhal，《紅與黑》作者）

了光年之久。我們現在上路了，那是令人膽顫心驚的道路，路旁的景色令我們分心，或者路障使我們繞道而行。

- 劇本只要更動幾個地方，經紀人就有興趣經手，但劇作家不肯更改。
- 有人提供地方給表演藝術家，作爲新題材的工作坊。舉辦一次後，毀譽參半的反應指出必須多下點功夫，從此不再使用新題材。
- 有人叫某演員拿著大頭照去找知名經紀人，但他不去拍大頭照，也沒再聯絡。
- 某女演員兼製片有個好劇本，製片廠提出條件要推動她的案子。她在條件上挑毛病，然後把整個案子束之高閣。
- 畫家受邀參加團體畫展，這是他的首展，他卻藉故和畫廊老闆吵架。
- 詩人在住家附近的夜店上台朗誦了幾首詩，受到眾人好評。詩人不從此層次繼續發展以累積力量，反而去「尬詩」（詩人的拳擊賽，評審不是詩人），輸了之後就再也不公開朗誦作品。
- 作詞者認識新的作曲者，合作的歌曲美極了。他們錄了三首試聽曲，獲得熱烈回響，兩人便不再合作。
- 老師對攝影新手的作品感興趣，讚賞有加。她在沖洗底片時失手，接著嫌課程乏生命隨著勇氣的比例而萎縮或拓展。

——安娜伊思・寧（Anaïs Nin，法國作家）

味，不再去上課。

在處理創意逆轉的時候，首先必須同情自己。創意很嚇人，所有的職業都會出現逆轉，有時最好將逆轉視爲轉圈圈。遇到創意遇阻時，我們像受驚的馬匹一般跑開，在場上繞個幾圈之後，重新試著躍過籬笆。

在創意逆轉的時候，我們慚愧的程度向來會加倍。首先是因爲恐懼，其次是因爲自己對恐懼的反應。讓我再說一次，這種事會出現在所有的職業裡，記住這句話很有幫助。

我在三十五歲左右替《芝加哥論壇報》寫了兩年的藝術報導。我以此身分訪談過黑澤明（Akira Kurosawa，日本知名導演）、凱文・克萊恩（Kevin Klein，時尚設計大師）、茱麗・安德魯絲（Julie Andrews，美國著名演員）、珍・芳達（Jane Fonda，演員、作家）、布雷克・艾德華（Blake Edwards，著名喜劇片演導）、薛尼・波拉克（Sydney Pollack，《遠離非洲》導演）、西西・史派克（Sissy Spacek，著名演員）、雪歌妮・薇佛（Sigourney Weaver，著名演員）、馬丁・瑞特（Martin Ritt，奧斯卡最佳導演）、海恩斯（Gregory Hines，踢躂舞王）等五十幾位人士。我幾乎和每個人都討論過氣餒的問題，也就是和他們討論逆轉。除了才華之外，避免逆轉、或是從逆轉回復常態的能力，使得他們的事業與眾不同。

成功的創意事業永遠建立在成功的創意失敗之上，訣竅在於失敗了再站起來。即使是最傑出的藝術家，都曾經歷過創意逆轉，記住這件事很有幫助。

過去三十年間，布雷克·艾德華執導過最滑稽和最成功的喜劇片，當年他最得意的劇本在前製階段被奪走，因爲片廠找來增加賣座的明星，和他處理題材的觀點不同，以致他曾在瑞士自我放逐七年之久。

艾德華從自己的企劃中被除名，眼看著心愛的影片由別人拍攝，而且拍得一塌糊塗。艾德華像隻受傷的豹子，退隱到阿爾卑斯山療傷。經過漫長的七年歲月，他又回來拍片。他的結論是，療癒創意傷口的最佳藥方是創意，而不是時間。從此他根據這項人生哲學，積極大量創作。當我們聊到這段中止期時，他對於浪費掉的光陰感到悔恨和痛苦。

要心懷憐憫，創意逆轉永遠是來自恐懼：怕成功、怕失敗。怕什麼並不重要，因爲得到的結果都一樣。

爲了從一次創意中逆轉、或多次創意逆轉模式中康復，我們必須先承認這件事的存在——是的，我確實對恐懼和痛苦有負面反應。是的，我確實需要幫助。

把自己的才華想像成用手牽著的受驚小馬，這匹馬很有才華，但也很年幼、緊張、經驗不足。牠會犯錯，會被沒有見過的障礙嚇壞，甚至會衝撞想把你甩掉，會假裝跛行。身爲創意騎師，你的份內工作是讓馬向前走，哄牠跑完全程。

最重要的是，看看是什麼障礙物把馬嚇壞了。也許有某些障礙遠比其他障礙來得可怕。也許你怕經紀人的程度遠超過工作坊；也許你能接受批評，但重寫會要你的命。記住，賽馬場上跑的不止一匹馬，經驗老到的騎師有個訣竅：安排沒有經驗的小馬緊跟著較老、較穩、較有經驗的馬匹。你也可以試試看。

- 我認識的人之中，誰有經紀人？問他們是怎麼找到的。
- 我認識的人之中，誰曾經成功重寫過？問他們是怎麼辦到的。
- 我認不認識慘遭批評後重新站起來的人？問他們如何自我療癒。

一旦承認自己需要幫助，幫助自然會到位。自尊心總是要表示自己能獨立自主，寧願扮演創意獨行俠，也不願開口求救。開口吧！

包柏是位年輕導演，才拍完第一部紀錄片，前途似錦。紀錄片很短但力道很強，主角是他的父親，一名工廠工人。包柏把粗剪片拿給老師看。這個老師曾經是製片才子，但本身已遭遇阻礙，他把片子批評得體無完膚。包柏放棄了影片，把片子塞進幾個箱子，箱子放進地下室，直到地下室淹水他才想起來。他心想片子一定毀了，他對自己說：「唉，這樣也好。」

我在五年後初識包柏，相識一陣子後，他告訴我影片的事，我覺得那應該是一部好片。他對我說：「片子沒了，連我交給沖印室的膠卷都不見了。」一談起影片，包柏就完全崩潰，他開始哀悼被自己捨棄的夢想。

一週後，包柏接到沖印室的電話，他告訴我：「眞不可思議，他們找到膠卷了。」我並不怎麼驚訝，我相信造物者會守護藝術家，也會保護那部片子。他的編劇女友，現在成了他的妻子，鼓勵他完成這部影片，同時夫妻倆也一起拍了第二部創新的紀錄片。

面對創意逆轉時，問問自己：「誰能幫我度過這個關卡？」然後開始求助。

突破障礙

藝術家必須擺脫憎惡（憤怒）和抗拒（恐懼），才能在作品上盡情發揮。這句話是什麼意思？意思是，掩埋起來的阻礙必須先挖出來透透氣，才能繼續努力。這道理同樣適用於不行動而被掩藏起來的代價。障礙沒什麼神秘，只不過是個人所感受到的逆境（正確或錯誤），而做出的藝術防禦。

記住，內心的藝術家是創意兒童，會心情不好、亂發脾氣、妒忌眼紅、無來由地恐懼，和大多數孩子一樣怕黑、怕妖怪、怕眞正嚇人的冒險。身爲小小藝術家的雙親、監護人、大哥哥、戰士、同伴，說服內心藝術安心出來工作（玩耍）是你的責任。

開始計劃之前，問小小藝術家幾個簡單的問題，不失爲一個好方法。這些問題有助於消除常常橫亙在藝術家和作品之間的妖怪。遇到工作愈來愈困難或沒有進展的時候，問自己同樣的問題，往往可以使思緒再度暢通。

1. 列出和此計劃有關聯的憎惡（憤怒），不管這些憎惡從本身成人的眼光看來有多瑣碎、多龜毛、多不合理，但對小小藝術家來說都是大事。舉幾個例子：我厭惡當第二個，而不是第一個被徵詢的藝術家（我並不比任何人差）；我厭惡這位編輯，她吹毛求疵，沒說過半句好話；我厭惡替這個白痴做事，他從沒準時付過錢。

2. 請內心藝術家列出計劃中的作品和／或任何相關人士，以及一切恐懼；同樣的，這些恐懼可能和兩歲小孩害怕的東西一樣可笑。以成人的眼光看來毫無根據，重要的是，在內心藝術家眼裡這是可怕的大怪獸。舉幾個例子：我怕作品不好，自己又看不出來；我怕作品很好，他們看不出來；我怕自己的點子不新鮮又過時；我怕自己的點子太前衛；我怕會餓肚子；我怕永遠做不完；我怕永遠不會開始；我怕丟臉（我已經很丟臉了）……沒完沒了。

3. 問你自己還有沒有漏掉任何小得不能再小的恐懼？有沒有壓抑任何「愚蠢的」憤

音樂是你自己的經驗、思緒和智慧。如果不活出音樂，你的樂器便演奏不出音樂。

——帕克（Charlie Parker，爵士樂手）

怒？寫下來。

4. 問你自己不做這件作品能有什麼好處？舉幾個例子：如果我不寫，就不會有人討厭；如果我不寫，混蛋編輯就要擔心了；如果我不畫、不雕塑、不演戲、不唱歌、不跳舞，我就可以批評別人，知道自己可以做得更好。

5. 談條件。條件是：「好吧，創造力，你負責品質，我負責數量。」簽下契約並且貼起來。

警語：本練習力道無窮，可對創意障礙揮出致命一擊。

誠全而歸之。

——老子

作業

1. 閱讀晨間隨筆！讀的時候最好用兩種顏色的馬克筆，一支用來標示省思，另一支用來標示需要的行動。不要批判晨間隨筆或你自己，這一點很重要。對，晨間隨筆很無聊；對，晨間隨筆帶來痛苦。把這些當成地圖，帶在身上作參考，而不要視為罪狀。

評估：你一直在抱怨什麼人？你拖延著什麼事不做？你讓自己有福氣改變或接納什

麼事？

振作：人的看法很容易兩極化，這種傾向很危險。「他很糟糕。他好極了。我愛他。我恨他。這份工作很棒。這份工作很爛。」等等，不要受到影響。

承認：晨間隨筆讓我們可以發洩又不會自我毀滅，可以做計劃又不會受到干擾，可以抱怨又不需要有聽眾，可以作夢又不會有限制，可以知道自己心裡的想法。讚美自己一直在寫晨間隨筆，讚美晨間隨筆使你得以改變和成長。

2. 觀想：你已經訂好目標，找到正確方向。接下來的練習要想像出目標達成的完整畫面，請好好花時間塡入精彩細節，讓自己做得開心。

訂目標：我是＿＿＿＿＿＿＿＿＿＿。

用現在式的動詞，敘述自己使出全力做這件事的模樣！這是你的理想情景。

大聲唸給自己聽。

貼在你工作區域的上方。

大聲唸出來，每天唸！

下禮拜，收集你的照片和雜誌圖片，拼貼成上述的理想情景。記住，眼見爲憑。多了視覺提示，看到自己置身於理想情景中，會覺得更逼眞。

3. 優先順序：爲自己列出今年的創意目標；爲自己列出這個月的創意目標；爲自己列

學習是從一刻到另一刻的移動。

——克里希那穆提

（J. Krishnamurti，印度哲人）

出這個禮拜的創意目標。

4. 創意逆轉：每個人都遇過創意逆轉，說出一次自己的經驗，再多說三次，說出哪一次最要命。

原諒自己。原諒自己在膽量、時機、進取心三方面的失敗。爲自己設計專屬的正面陳述清單，幫助自己未來做得更好。

用非常溫柔、非常溫柔的態度想想看，能不能挽回哪個曾經夭折、被放棄、被抨擊、被破壞的心血結晶？記住，不是只有你一個人，我們每個人都有過創意逆轉。

挑出一項創意逆轉去挽救和彌補。

現在先不理會創意逆轉，而是反過頭來注意自己的排斥心態。你覺得晨間隨筆難寫嗎？愚蠢嗎？沒有意義嗎？太平淡了嗎？寫下去就是了。

哪些創意夢想有可能實現？承認你被嚇到了。

選擇一個藝術家圖騰，可以是娃娃、動物玩偶、雕刻人形、發條玩具都行。重點是，挑一件馬上讓你覺得喜愛又想保護的東西。把圖騰供奉起來，用不傷害小小藝術家的方式供奉。

檢查

1. 這禮拜你寫了幾天晨間隨筆？至於逆轉的部分，你有沒有讓自己轉向善待之心，至少在隨筆中做到？
2. 這禮拜你赴藝術之約了嗎？有沒有強調樂趣？你做了什麼事？感覺如何？
3. 這禮拜有沒有心想事成的經驗？是什麼事？
4. 這禮拜有什麼事對你的復原具有重大意義？描述一下。

從動手中學習是唯一的學習方式。

——霍特
（John Holt，教育家）

Week 10

競爭・名氣・工作狂

這一週探討在創意路徑上會突襲我們的危險。創造力是心靈議題，所以危險大多來自心靈層面。本週的文章、作業和練習將找尋有害模式，那個我們緊握不放以致於阻礙創造力的模式。

說「不」是照顧自己的最好方法。
——布蕾克

創作路上小心

創造力是神的能量透過我們流動，讓我們將創造力塑造成形，如同光線透過稜鏡。明白自己是什麼樣的人、正在做什麼事，能量就會暢通無阻，感受不到束縛。倘若抗拒能量告訴我們的事，或抗拒能量引領我們的去向，我們將會感受到惶恐和失控。我們想封閉那股能量，重拾掌控的感覺，於是重重踩下心理煞車。

創意人阻礙創造力的花招很多，每個人各有所好，尤其是一、兩種毒害自己最深的方式，因爲效果特別好。

對某些人來說，食物可以用來殺傷創造力。譬如吃糖果、脂肪、某種碳水化合物會讓他們反應遲鈍、頭昏腦脹、注意力不集中、迷迷糊糊。他們利用食物阻礙能量和改變，當他們覺得不知道該往哪裡衝、覺得即將要解體時，恐懼的感覺上身，這種人就會去找食物。一大碗冰淇淋、整晚吃垃圾食物，身體的系統堵塞了：我在搞什麼？什麼……？唉，算了……

有些人喜歡以酒精，有些人用毒品，而工作則是很多人的障礙首選，忙忙忙，拚命找事做來麻木自己，連散步三十分鐘的時間都抽不出來，「這太浪費時間了！」非做不可的事和多種規劃，對他們的吸引力就如同蒼蠅看到大太陽下的汽水。偶爾有些分心的想法可幫助他們突破，「嗡嗡嗡，啪！」卻被他們一手推開。

有些人則沉溺於痛苦的戀情，不願意創作。一想起痛苦的事，他們就瞬間成爲受害者，不去感受自己其實力量無窮：「只要他或她愛我就……」

這股沉溺的思緒淹沒了想重新佈置客廳、想上陶藝課、想改寫故事的微弱力量。沉溺是爲了阻擋恐懼和阻止冒險，創意的想法一仰起頭，立刻就被砍掉。出門跳舞？以都市貧民窟爲主題改寫劇本？「只要他或她愛我就……」《西城故事》就此作罷了。

性愛對許多人是很大的障礙，纏綿銷魂的慾念想使出新招，眞正的小說寫不成了，新的性愛對象反而成爲創意的目標。

注意了，食物、工作、性愛本身都是好事，只有濫用才會成爲創造力議題。知道自己是藝術家，表示要承認你濫用了哪一項來阻礙自己。如果創造力是宇宙藉由我這根吸管吹出來的氣息，只要挑中一項障礙就是捏緊吸管，我們便關閉了自己的流暢，而且是故意的。

當我們開始感受到自己眞正的潛能和前途的無限可能，我們嚇壞了，所以大家都在尋找障礙以減緩成長的速度。如果對自己誠實，誰都知道那些障礙是有毒的。提示：被我們當成權利來捍衛的，就是障礙。

把可能發生的事列出來。有哪件事光是想到要放棄，就會讓你生氣？會引爆你的事，機會存在難題裡。
——愛因斯坦

就是最能使你偏離正軌的事。仔細檢視，大多數人都能說出會殘害自己的事物。食物把我害慘了？工作狂熱把我害慘了？由於沉溺於性或是愛而阻礙了創造力？

創意受阻通常是好幾種配料的混合使用：用一樣，再加一樣，混入第三樣，把自己累得慘兮兮，以減少恐懼爲共同目標，只要感受到內在空虛所造成的焦慮，我們就求助於精心挑選的毒品以阻礙創造力。我們握緊阻礙不放，必定是因爲恐懼常常以其他面貌出現，而且永遠存在。

我們往往以爲使創意受阻的理由是巧合。她剛好打電話來……我肚子餓，冰淇淋就在旁邊……他帶了些特級毒品上門……選擇擋箭牌絕對是短期奏效，長期無效。

擋箭牌是創意逆轉，我們轉身背對自己；我們彷彿是不准流動的水，變成了一灘死水。當我們罔顧更大的良善而另作抉擇，潛藏在內心的自我永遠都很清楚，它會在心靈黑板上留下小小記號：「又做錯事了。」

承認和放棄阻礙的策略，需要風度和勇氣。誰想這麼做？策略行得通的時候何必這麼做？當然啦，長時間行不通以後，我們還是抱著一絲希望，希望這次會成功。

阻礙主要是信念問題，我們不肯相信自己的直覺、才華、技能、欲望，卻寧可擔心造物者會讓創造力發揮到什麼地步。我們寧可挑個障礙，不肯繪畫、寫作、跳舞、試鏡，看看會有什麼結果。在受阻的情況下，我們很清楚自己是什麼人——不快樂的人。克服障礙的我們，可能變得很有威脅性——快樂的人。多數人覺得快樂是恐怖、陌生、失控的事，太冒險了！我們會暫時來個創意逆轉，也是理所當然的結果。

逐漸看清擋箭牌策略，例如食物、忙碌、酒精、性愛、毒品之後，在創意逆轉時，自己會感覺得出來。擋箭牌的效果不如以往，過了一段時間，我們會嘗試度過焦慮期（也許剛開始很緩慢，也很詭異），看看會有什麼結果。焦慮是動力，能用來寫作、繪畫和工作。

感覺：焦慮！

嘗試：運用焦慮！

感覺：我剛剛做到了！我沒有受阻！我運用焦慮。向前邁進！

噢，天哪，我好興奮！

工作狂

工作狂是一種癮，和其他癮頭一樣會阻礙創作能量。其實應該這麼說，想阻止強烈創作能量的欲望，才是上癮的根本原因。如果忙到沒辦法寫晨間隨筆，或忙到沒辦法赴藝術之約，可能也許也會忙到聽不見眞正的創意在呼喚的聲音。回到收音機的概念，工作狂自己引來靜電，干擾收訊。

工作狂直到最近才被視爲上癮行爲，在社會上仍然廣受支持。「我正在工作」的說辭，有著無懈可擊、帶著美德和盡責的口氣。事實上，我們工作往往是爲了迴避自己、配偶和眞正的感情。

在創意復原階段，要大家多寫晨間隨筆很簡單，但要安排好玩的藝術之約就不容易了。玩樂使工作狂緊張，開心則會引起恐慌。

「如果時間多一點，我會多找些樂子。」我們喜歡對自己這麼說，但這很少是眞心話。爲了證實這個說法不假，問自己每個禮拜安排多少時間去玩：純粹的、眞正的、沒有成果的玩樂？

遭逢瓶頸的創意人認眞迴避玩樂的程度，不亞於逃避創造力。爲什麼呢？因爲樂趣導致創造力，導致叛逆，導致感受到自己的力量，很嚇人。我們喜歡告訴自己：「我加班時間可能多了些，但我眞的不是工作狂。」在斬釘截鐵地說這句話之前，先回答以下問題。

工作狂測試

1.下班以後還要工作：很少，經常，從不？

2.爲了多工作而取消和心愛的人約會：很少，經常，從不？

真正和自己誠實以對時，不得不承認，只有生命是真正屬於我們的東西。所以，利用生命的方式決定我們是怎麼樣的人。

——查維斯

（Cesar Chavez，工運領袖）

3. 拖到工作繳件才到戶外走走：很少，經常，從不？
4. 週末帶工作回家：很少，經常，從不？
5. 帶著工作去度假：很少，經常，從不？
6. 度假：很少，經常，從不？
7. 親密的人抱怨我總是在工作：很少，經常，從不？
8. 一次設法做兩件事：很少，經常，從不？
9. 在兩件案子之間給自己一些空檔：很少，經常，從不？
10. 任務完成後就讓自己告一段落：很少，經常，從不？
11. 拖拖拉拉地不肯結束：很少，經常，從不？
12. 開始是要做一件事，結果同時又多出三件：很少，經常，從不？
13. 在家人相聚的夜晚工作：很少，經常，從不？
14. 讓電話打擾和延長工作時間：很少，經常，從不？
15. 在安排每日行程時，一定列入一小時的創意工作/玩樂：很少，經常，從不？
16. 把創作的夢想看得比工作重要：很少，經常，從不？
17. 配合他人的計劃，根據他們的行程來調整自己的空檔：很少，經常，從不？
18. 允許自己在難過的時候什麼都不做：很少，經常，從不？

19. 利用「最後期限」來形容並合理化自己的工作量：很少，經常，從不？
20. 外出時，即使是吃晚餐，也要帶著筆記本或辦公室電話號碼：很少，經常，從不？

為了恢復創造力，必須學著把工作狂視為阻礙，而非造成阻礙的原因。濫用工作對藝術家造成了灰姑娘情結。我們永遠對舞會懷抱夢想，永遠一起經歷舞會和枷鎖。

熱情工作朝心愛的目標前進，這和工作狂不一樣；差別並不在時間長短，而在於工作時的情緒特質。工作狂做事就像是在踩跑步機，要靠癮頭撐下去，心懷怨恨。對於工作狂而言，工作等於價值，所以不敢隨意減少。

想清出一條路給流暢的創造，就必須看清楚自己的工作習慣。也許要看到工作時數，才知道自己工作過量；也許要和一週四十小時的正常工時比較，我們才知道自己工作不正常。

想弄清楚時間是怎麼用掉的，可以記錄每天花掉的時間，列成清單。不擇手段地瘋狂工作，使得夢想遙不可及；即使只創意工作/玩樂一小時，都能有效打發工作狂熱。

工作狂是成癮的過程（是對行為而非物質上癮），所以很難分辨沉溺而難以自拔的時候。酒精中毒者不碰酒就能保持清醒，工作狂不需工作過量就能保持清醒。麻煩的是，工作過量很難界定，所以我們才能常常欺騙自己，設法保留有用處的施虐行為。

未經考驗的生命不值得活。

——柏拉圖（Plato，希臘數學家、哲學家、教育家）

爲了提防合理化，設定底線很有幫助。每個人的底線不同，但要提出絕對不容許的行爲。列出特定行爲馬上可以見效，比一般空洞的決心更有效果。

如果眞的沒有時間，你需要撥出時間來。很有可能是，你有時間，只是用錯地方。時間日誌可以幫助你找出需要設定界限的領域。界限是底線的另一種說法。「我的底線是不______」，這就是你的界限。見本週設定底線的作業。

擺脫工作狂熱和擺脫創意逆轉一樣，需要向朋友求援。告訴他們你想達成的目標，當你沒有好好照顧自己的時候，請他們溫柔地提醒你。（如果你求助的對象本身就是狂熱的工作份子，或有強烈的控制慾想控制你，反而會產生反效果。）不過請記住，這是你的問題，沒有人能監督你復原。但國內有些地方已開始舉辦戒工作狂小組座談，也許有莫大幫助。

想確定自己的復原進度，有個方法簡單又有效：在工作區貼張牌子，只要看得到的地方都貼——浴室鏡子上貼一張，冰箱上貼一張，床頭櫃上貼一張，汽車裡貼一張……，牌子上寫著：工作狂是阻礙，而不是造成阻礙的原因。

停滯

任何創意生命都會有乾旱。乾旱期不知從何處來，就像死亡之谷的景觀一直延伸到地賣掉聰明，買些困惑。
——魯米

平線。生命不再甜美，工作變得機械化、空洞、勉強；我們覺得無話可說，也不想說些什麼。在這種時候，晨間隨筆最難寫，然而也最顯得珍貴。

在乾旱時期，光是提筆的動作就像走在杳無人煙的沙漠中，需要一步步走下去，卻不知目的地何在。疑慮像響尾蛇般亦步亦趨，嘶嘶作響：「有什麼用？」或是「你還指望什麼？」乾旱會延續到天荒地老，但我們活不到那個時候。預期死亡的心理如影隨形，在前方閃閃發光、如同鬼域的海市蜃樓，早在我們準備好之前、早在我們做出重要事情之前，死亡便向我們撲來。

怎麼辦？我們跌跌撞撞地向前走。要怎麼樣才能辦到？繼續寫晨間隨筆。晨間隨筆不是只適用於作家的通則（隨筆和寫作無關，不過和所有藝術形式一樣有助於寫作），而是所有創意生物的生命線——一條探索的路線，回到自我的路線。

在乾旱期寫晨間隨筆，既痛苦又愚蠢，像是沒有意義的舉止，彷彿是替堅決求去的愛人做早餐。我們照寫不誤，懷著一絲希望，希望哪天會再度具有創造力。我們的意識乾裂，絲毫感受不到天賜恩典。

在乾旱（drought）期〔我差點寫錯，寫成疑惑（doubt）期〕，我們和神抗爭，喪失了信念——對偉大的造物者和創意自我的信念，開始在雞蛋裡挑骨頭。這兒可是沙漠的中心地帶，要挑骨頭到處都有屍骨。想找尋希望的跡象，放眼望去只見遺留在來時路上的夢確實，唯有在黑暗中可尋得光明，因此悲傷時也是我們最接近光明的時刻。

——艾克哈

無意識要求真相，想要真相以外的東西，無意識不會與其交談。

——雷琪（Adrienne Rich，詩人）

想殘骸。

然而晨間隨筆依然要寫下去，因爲非寫不可。

在乾旱期，情感也枯竭了。情感像水一樣存在地下某處，只是我們無從取得。乾旱是沒有淚水的悲傷時期，我們處於夢想之間，無精打采到連自己失去什麼都不知道。晨間隨筆寫了一頁又一頁，這是因爲習慣使然，而非心懷希望。

然而晨間隨筆還要寫下去，因爲非寫不可。

乾旱可怕，乾旱傷人，乾旱是疑惑、無風的漫長季節，讓我們成長、給我們熱情，如同沙漠突然開出花朵般綻放。

乾旱一定會結束。

乾旱會結束，因爲我們不斷寫晨間隨筆。結束，因爲我們沒有絕望地趴在地上拒絕前進。是的，我們懷疑過，但仍然跌跌撞撞走下去。

乾旱在創意生命中不可或缺。沙漠裡的日子帶給我們澄澈和慈悲，身處乾旱時要知道，乾旱有其目的。繼續寫晨間隨筆。

提筆寫是把事情做對，遲早（總是比我們期待的遲），隨筆會把事情變對。會出現一條路，會有一股洞察力作爲路標，指示我們走出荒野。對舞者、雕塑家、演員、畫家、劇作家、詩人、表演藝術家、陶藝家、所有藝術家而言，晨間隨筆是我們的荒野，也是我們的道路。

名氣

名氣使人相信如果現在還沒出名，以後也不會出名。當然啦，這是名氣。名氣和成功不一樣，我們的眞實靈魂知道這一點。我們知道，也感覺到，好好做一天的事便是成功。但名氣呢？名氣會上癮，讓我們永遠渴望名氣。

名氣是心靈毒藥，往往是藝術創作的副產品，如同核廢料，會變成很危險的副產品。名氣、想成名、想保持名氣的渴望，都會產生「我表現得如何？」的症狀。問題不是「作品進行得順利嗎？」，問題成了「他們看了作品後覺得如何？」

作品的重點在於作品，但名氣會干擾這個觀念。演戲不是演戲，演戲變成要當著名演員；寫作不是寫作，寫作要獲得肯定，而不是出書就好。

有功勞的時候，我們都喜歡居功，但藝術家未必能居功。然而注重名氣，也就是獲得的名氣夠不夠，會一直讓人感覺名氣不夠響亮。名氣毒藥怎麼吃都不夠，想要更有名，使得我們無法向前邁步，削弱了我們的成績，無法爲他人的成就感到喜悅。

（爲了證明這點，隨意找本影迷雜誌來看。以《人物》爲例，看完以後是不是覺得自己過得比較寒酸、比較沒有價値，這正是名氣的藥效在發作。）

放下競爭心，才能眞正學習。

——克里希那穆提

記住，把自己當成珍品，會使你更堅強。當名氣發散毒性時，要寵愛自己才能解毒，大劑量的溫柔和少量讓自己喜歡自己的行爲。寄明信片是個高招，寄一張給自己，上面寫著「你表現得很好……」。收到自己寄出的粉絲信，是很好的事。

時間久了，自我和創意自我的粉絲信，才是我們眞正追求的目標。名氣其實是通往自我認同的捷徑。試著認同自我的現狀，用童稚的樂趣把自我寵壞。

不論是站在藝術家或普通人的立場，我們眞正害怕的是，少了名氣就沒有人愛。要消除這種恐懼，必須靠小小的、憐愛的具體行爲。我們必須積極、刻意、持續地以創意方式來滋養藝術自我。

當名氣的藥癮發作時，走向畫架、走向鍵盤、走向照相機、走向陶土，拾起創作工具，開始玩點創意。

很快，而且非常快地，名氣毒藥會愈來愈不見效。努力創作是名氣毒藥的唯一解藥，只有歡喜創作才能拯救我們不沉溺於他人和他人的表現。

競爭

拿起一本雜誌，校友通訊也行，有個人，一個你認識的人，比你更早、更進一步、更快地達成你的夢想。你不說：「可見這種事辦得到。」你的恐懼說：「他或她會成功，我反而不會。」

競爭是另一種心靈毒藥，把競爭當成焦點，即是在自己的泉源中下毒。盯著別人的成就看時，視線就離開了自己的直達線。我們問自己錯誤的問題，而錯誤的問題則給了我們錯誤的答案。

「爲什麼我的運氣這麼背？爲什麼他比我早完成電影／文章／劇本？是性別歧視嗎？」「沒有用啦！我能拿出什麼東西來？」提出這些問題就是在說服自我放棄創作。

這類問題讓我們忽略比較有用的問題：「我今天寫劇本了嗎？我有沒有設定完成期限，寄到該寄的地方？我有沒有爲劇本找些人脈？」

這些才是眞正的問題。我們很難把這些問題當成重要的事，難怪看到第一杯情緒飲料就要拿來狂飲，難怪那麼多人看《人物》（或《紐約時報書評》，或《黎兒絲》，或《梅拉貝拉》（兩者皆爲女性雜誌），或《君子》），利用這些雜誌耽溺於不健康的妒忌心態。

我們爲自己的逃避找藉口，主要以別人作爲藉口。「某某人可能這麼說過、這麼做過、這麼想過……，表現得還更好……。再說，他們套關係，老爸有錢，屬於備受尊榮的少數，閉著眼睛都能飛黃騰達……」

創造力受阻大多肇因於競爭，藝術家必須深入其中，必須服從推動我們前進的內在指引。我們沒有本錢擔心是流行還是落伍，如果作品出現的時間太早或太晚，它的時機遲早還是會來。

藝術家沒有本錢想誰領先了、這些人不配領先。「是比……更好」的欲望，扼殺了「是……」的簡單欲望。藝術家沒有本錢這麼想，否則就會脫離自己的聲音和抉擇，進入專注於外在及外在影響力的防禦遊戲，以致必須依照他人的創造力來定義自身的創造力。

這種比較和對比的想法也許適用於批評家，但絕不適合正在創作的藝術家。掌握趨勢的事讓批評家去做，流行與否的事則讓評論者去擔心；我們在乎的首要事情是，在我們內心掙扎著要出來的是什麼東西。

和他人競爭的時候，只注意到創作有沒有市場的時候，我們其實是和其他藝術家在創意競走中互相推擠，這是短跑心態。尋求短程優勝，而不顧長程利益；跟隨時尚眼光，卻不跟隨自己的光芒，讓我們縮減了創意生活的可能性。

氣別人打敗你的時候要記住：競爭心態永遠是自尊心的要求，不止要好，還要搶先和最好。創作要百分之百原創（好像天底下有這種好事），是自尊心的要求。所有作品都受到其他作品的影響，所有人都受到其他人的影響；沒有一個人是孤立的島嶼，沒有一件作品是獨立的大陸。

在回應藝術的同時，我們也依照自己的經歷來回應藝術的共鳴。我們有了新看法，很

> 唯有在不知所以的情況下，畫家才能有佳作。
>
> ——竇加
>
> （Edgar Degas，畫家）

少是因爲看見完全陌生的事物，反而是從新的角度觀見舊事物。

如果你仍被原創的問題所困擾，記住：每個人都自成一國，每個國家都値得一遊。精準地規劃出自己的創意興趣，才能博得「原創」的名聲。我們是自己藝術的源頭和祖國，從這個角度看來，原創性是忠於自我的過程。

競爭精神和創意精神相反，往往使我們迅速摒除看似不討好的點子，這種危險舉動會妨礙孕育計劃成熟的能力。

以競爭爲重心，會助長倉促的判決。大姆指不是向上就是向下。這計劃値得保留嗎？（如果自尊心要的是不會失敗、保證成功的計劃，除非只看一眼就能決定誰是贏家，否則自尊心會說「不」。）叫好又叫座的東西，大多是事後才有人敢掛保證；在還沒看清楚的時候，我們常常把創意天鵝叫做醜小鴨。甫在意識中抬起頭的心血結晶受到蔑視，我們用選美條件當作衡量標準，只看一眼就淘汰。我們忘了，並不是每個嬰兒一出生就長得好看；被扼殺的不得體或不體面的計劃，也許會是最佳作品、最優秀的創意醜小鴨。藝術行爲需要時間才能成熟，提早判決也許會遭受錯誤的審判。

千萬不要太早批判不成熟的作品。在自尊心大聲抗拒時，也要高高興興地畫出壞的作品、寫出壞的作品。壞文筆也許是轉變風格必經的句法破壞，糟糕的畫作也許是要指引出新的方向。藝術需要時間醞釀，需要時間慢慢爬行，需要走過笨拙和醜惡的階段，最後才能顯現眞正的面貌。自尊心厭惡這項事實，自尊心要馬上滿足、要被承認勝出的快感癮頭。

贏，而且現在就要贏，是爲了贏得他人的認可；但學著認同自我才是解藥，動手創作才是眞正的贏家。

知人者智，自知者明。

——老子

告訴你一件我親身學到的事。對我而言，走上個五、六哩路很有幫助，必須要一個人走，每天走。

——優蘭

作業

1. 致命傷：拿一張紙剪成七條，在每張紙條上寫下一個詞——喝酒，毒品，性愛，工作，金錢，食物，親朋好友。把紙條摺起來放進一個信封，這些摺好的紙條叫做致命傷，你馬上就會知道爲什麼。現在從信封裡抽出一項致命傷，寫出五項對生活的負面影響（如果挑出來的這項很難寫或不符合你，想一想抗拒的理由）。這件事做七次，紙條寫過後就放回信封內，這樣每次都會有七種可能的選項。對，你可能會重複抽出相同的致命傷；沒錯，此意義重大。我們對於討厭的事，最後的反應往往是說：「天哪，怎麼又來了」，這種反應帶來突破的機會，透過否認讓你看清楚。
2. 試金石：迅速列出你喜愛的東西，你的幸福試金石。磨平的河中石塊、楊柳樹、矢車菊、菊苣、正統義大利麵包、家常蔬菜湯、柏丁（Bo Dean）的音樂、黑豆飯、草坪剛割完的氣味、藍絲絨（是布料也是歌曲）、敏阿姨烤的派……。

有多少次甚至在沒有開始以前，我們會說這件任務「辦不到」？有多少次我們描繪出自己無能的畫面？……我們選擇的思考模式，和不斷肯定它們的方式，有很大的影響力。

——費魯奇

把單子貼在能撫慰心靈的地方，能讓自己想起專用試金石的地方。也許你會想從單子裡挑出一項，或者把這項弄到手。如果喜歡藍絲絨，就找塊零頭布鋪在餐具櫃或化妝台上當作飾布，或是釘在牆壁在上面貼東西，玩點花樣。

3. 可怕的眞相：回答以下問題。

說實話。是什麼習慣阻撓了你的創造力？

說實話。你覺得可能是什麼問題？沒錯。

你打算怎麼解決這個習慣或問題？

保留這項阻礙要付出什麼代價？

如果想不出代價是什麼，找值得信任的朋友問。

說實話。哪些朋友讓你懷疑自己？（你本來就自我懷疑，他們只是激發出來罷了。）

說實話。哪些朋友相信你和你的才華？（才華是你的，他們只是讓你感覺到而已。）

和損友繼續來往要付出什麼代價？如果答案是「我喜歡他們」，下一個問題則是「爲什麼？」

具破壞性的朋友和具破壞性的自我，有哪些破壞性的相同習慣？

> 生命很有意思，如果你只肯接受最好的事物，往往都能到手。
>
> ——毛姆（Somerset Maugham，英國小說家）

具建設性的朋友和具建設性的自我，有哪些建設性的相同習慣？

4. 設定底線：配合上述問題的答案，試著爲自己設定底線。先從最痛苦的五項行爲著手，以後再增加也不遲。

- 如果發現晚上的時間都被老闆多分配的工作消耗掉，一定要訂個規矩：六點以後不工作。
- 如果六點起床，就能寫作一小時，不用一下找襪子、一下做早餐、一下燙衣服，規矩就是「早上七點以前不可以打擾媽咪」。
- 如果你兼的差事太多、工作時數太長，也許該看看你的收費行情。你替自己訂的酬勞合理嗎？打聽一下，同行領多少錢？抬高價碼，減少工作量。

底線

(1) 我不再週末辦公。

(2) 我不再把公事帶到社交場合。

(3) 我不再把工作看得比投入創意更重要（老闆是個工作狂，突然交待事情限期完成，不再因此取消鋼琴課或繪畫課）。

(4) 我不再因爲工作到深夜而延後做愛。

(5)我不再於六點後在家裡接公事上的電話。

5. 珍惜：

(1)列出五次小小的勝利。

(2)列出三項滋養藝術家的行動。

(3)列出三項可以用來安撫內心藝術家的行動。

(4)答應自己三件好事，說到做到。

(5)本週每一天都要爲自己做一件喜歡的事。

檢查

1. 這禮拜你寫了幾天晨間隨筆？看完隨筆，你的寫作有沒有變化？你還讓自己隨心所欲地寫嗎？
2. 這禮拜你赴藝術之約了嗎？多去約會一次。你做了什麼事？感覺如何？
3. 這禮拜有心想事成的經驗嗎？是什麼事？
4. 這禮拜有什麼事對你的復原具有重大意義？描述一下。

Week 11
創意自主權

這一週強調藝術家的自主，檢視目前滋養和接納自己是藝術家的方式，探討能強化心靈基礎的行爲，進而提升創作力量。同時還要特別注意處理成功的方式，才不至於殘害我們的自由。

接納

我是個藝術家。身爲藝術家，穩定和流暢混合的比例，和他人不同。也許朝九晚五的工作能使我安定下來，有餘裕創作；或許朝九晚五的工作耗盡我的能量，而無法創作。我必須多方嘗試，才能找到最適合自己的方式。

藝術家的現金流量向來不穩定。沒有法律規定我們得窮一輩子，但窮一陣子的機率很高。好作品有時候賣不出去；或者有人買，但不會馬上付款。即使作品很棒，也會碰上景氣寒冬，這些都不是我能控制的因素。忠於內在的藝術家，往往能創作出好作品，但未必是百分之百。我必須擺脫一種觀念，那就是由市場定價來決定自己和作品的價值。

藉由金錢以證明能力的高低，是很難動搖的觀念。如果金錢能決定藝術的眞僞，那麼高更就是個冒牌貨。身爲藝術家，我可能永遠買不起富豪名流的房子——也許我買得起；但是我擁有一本詩集、一首歌曲、一場藝術表演、一部影片。

我必須了解，藝術家的能力由我、神和作品決定。換言之，如果我想寫一首詩，就必須寫那首詩，不管是否賣得掉。

我需要創作出要被創作出來的東西。我不能依照現金收入和市場策略所制定的合理方針，來作生涯規劃。金錢和市場是好事，但過於重視，會把內在小孩壓得透不過氣，小孩一再被敷衍會感到害怕和生氣。大家都知道，小孩子很不喜歡聽到「等一下，現在不行」。

由於內心藝術家是孩子，是內在的自然之子，所以我必須對小孩感受到的時機讓步。某種程度的讓步並不表示完全不負責任，而是給藝術家優質的時間，讓孩子去做想做的事，這樣，在我要做必須做的事情時，孩子才會和我合作。

有時候會寫得糟糕、畫得糟糕、表演得糟糕，但我有權利做得糟糕，這樣才能跨越到另一個境界。創造本身即是獎賞。

身爲藝術家，我必須小心謹愼，讓身邊都是滋養內在藝術家的人；不要那些爲我著想，而拚命要我聽話的人。有些友誼能激發我的藝術想像力，有些則置想像力於死地。

我也許是個擅於烹飪、不擅於打掃卻內心堅強的藝術家。我既邋遢又雜亂無章，只在乎寫作，是創作細節的高手；但是對擦皮鞋、拖地板等瑣事不感興趣。

我的生活有很大程度是我的藝術。若生活貧乏，作品就跟著乏味。我是藝術家，別人認爲沒搞頭的事，我要去試試看：莫名其妙地迷上某龐克樂團；某一首福音歌曲在耳中縈繞不去；就是喜歡某塊紅絲絨布，還要縫到漂亮的衣服上，把衣服給「毀」了。

身爲藝術家，我可能頂著一頭鬈髮或穿著奇裝異服；可能花太多錢買裝在漂亮藍瓶子裡的香水，雖然味道很難聞，但香水瓶能讓我寫出三〇年代的巴黎。

藝術發生得自然而然——沒有屋舍躲得了，沒有王公貴族能掌握，浩瀚無垠的智慧也想不出來。

——惠斯勒（James Abbott McNeill Whistler，畫家）

身爲藝術家，不論我認爲寫得好不好，都會動筆；別人厭惡的電影，我會去拍；我會畫一張差勁素描，然後指著它說：「我在這個房間裡，我很開心。那是個五月天，我認識了想要認識的人。」

身爲藝術家，我的自尊來自動手做。一次做一場表演，一次做一場演奏，一次畫一幅畫。兩年半拍一部九十分鐘的電影，一本劇本寫五份草稿，兩年製作一部音樂劇。在這段時間內，我每天寫晨間隨筆，寫我的醜陋窗簾、剪壞了的髮型、晨曦照在樹上帶給我的喜悅。

身爲藝術家，我未必要富有，但必須有豐富的支援。我不能讓感性和知性的生活呆滯，否則便會反映在作品、生命，以及脾氣上。不創作，我會變得陰陽怪氣。

身爲藝術家，無聊眞的會要了我的命。如果我的舉止符合別人對成人的定義，但由於沒有滋養內心的藝術家小孩，我會因而殺了自己。愈滋養內心的藝術家小孩，我愈像個成人。內心藝術家受到寵愛，就會讓我寫好一封商業信函；內心藝術家一旦不受重視，就會沮喪萬分。

自我滋養和自我尊重相互關聯，如果別人要我比較正常或比較好，而我也任由他們欺負和擺佈，就是在出賣自己。也許他們會比較喜歡我，對比較傳統的外表或行爲覺得較爲坦然，但我會痛恨自己。一旦我痛恨自己，也許就會拿自己或別人出氣。

藝術家的職責永遠是在加深神秘的程度。

——培根（Francis Bacon，畫家、哲學家）

創意藝術家的職責是制定法則，而不是遵循既定法則。

——布梭尼（Ferruccio Busoni，義大利鋼琴家）

鼓動天才，或者說激發他們創作靈感的，不是嶄新的觀念，而是他們執著於早已有人說出但尚未充分表達的觀念。

——德拉克洛瓦

如果傷害了內心的藝術家，我八成會變成飲食狂人、性愛狂人、彆扭狂人。仔細看看這些自我對待行爲之間的關係。當藝術家不創作的時候，對自己或他人都不會太正常或太客氣。

創造力是靈魂的氧氣，遏止創造力會使人變得野蠻，猶如被人掐住喉嚨。有人要替我們除去衣服上的毛球、替我們整理服裝儀容，當我們被干涉到這種程度，一股怒氣就會油然而生。父母和朋友出於善意，替我們安排婚姻、朝九晚五的工作、任何事，然而只要後續的發展中斷了我們的藝術，我們的反應便會像是爲生命而戰鬥——正是爲生命而戰。

藝術家要能發現特色，能容納乖僻，能不把公認的標準放在心上，能問「爲什麼」的問題。藝術家要有勇氣承認，金錢、財產和名望對你來說算不了什麼。

藝術家要能接受驚奇，只要高興，就能在房間裡擺上不適當的傢俱，要堅持穿上怪異但令自己開心的外套，而不要一直想變成自己不是的那種人。

如果寫作比不寫作快樂，繪畫比不繪畫快樂，唱歌比不唱歌快樂，演戲比不演戲快樂，導演比不導演快樂，看在老天爺的份上（我眞的是指老天），讓自己動手去做吧！

因爲夢想是去做不負責任的事，所以你扼殺了夢想，這是對自己不負責任。爲人可不可靠，由你和神決定，而不是靠朋友投票。

造物者給予我們創造力。創造力是神賜予我們的禮物，發揮創造力便是我們獻給神的禮物。接受這筆划算的交易，才能開始眞正接受自我。

成功

創意是心靈的實踐，而非做得十全十美、大功告成、然後放在一旁的東西。根據我的親身經驗，創意成就到了某個階段後，就會生起一股不安的感覺。對，成功了；對，做到了；可是……

換言之，當我們達到目標時，目標消失了。不論成就有多高，我們將再度面對創意自我，以及創意自我的飢渴。甫被我們放下的問題又仰起頭：現在……要做什麼？

沒完沒了、永無止境的探索，都是考驗。我們必須壯大才不會萎縮，逃避這種承諾（誘惑著每一個人）的下場，必然是一灘死水、心有不滿、心靈苦痛。我們不禁要問：「難道我不能休息嗎？」答案只有，不。

身爲藝術家，我們是心靈鯊魚，如果不動來動去，就會下沉或死去，這是殘忍的事實。要怎麼選擇很簡單：我們可以堅持在桂冠上休息，或者是重新開始。延續創意生命的條件很嚴苛，必須要謙卑地重新開始，一切從頭。

願意再次成爲新手，才能有輝煌的創意事業。我有位朋友是他那個領域的大師級人物，他發現自己未來幾年的行程都已排滿。他在商場上的職位也是人人稱羡，但他發覺自

再精心設計的發明也無法取代想像力這項關鍵元素。

——霍伯（Edward Hopper，畫家）

己的藝術愈來愈岌岌可危。生命巨輪在轉動，三年前承諾的計劃必須執行，他還能懷著想像力和當初的熱情去做嗎？老實說，答案是很難說出口的「不能」。所以，他忍受龐大的財務損失，開始減少未來的行程，轉向風險更高、但收穫更大的投資——藝術的完整性。

在金錢的誘惑下，並不是每個人都能鼓起這般創意勇氣，但總可以試試看，至少要願意試。藝術家是旅人，世俗尊嚴是沉重的負擔，地位職等則會消耗精力，使我們不能追隨心靈的指引。藝術家之路是迂迴的途徑，我們卻堅持勇往直前。一旦將事業當成外在的裝飾，就不會重視內在的指引。由於把數字當成遊戲規則，以致我們在計算自我和自己目標的價值時，我們放棄了自己的承諾。

創意不是做生意，雖然有可能帶來不少生意。藝術家不能無限制地複製以往的成功，因爲公式用久了，即使是自己的公式，最後也會過濾掉眞實創意。置身於藝術的商業環境中，我們很想保證一件自己做不到的事：複製成功的優秀作品能產生好的作品。

成功的電影會激發開拍續集的商業需求；成功的書籍會激發類似題材書籍的需求；畫家的作品一旦受歡迎，就有可能流連於那個時期；陶藝家、作曲家、編舞者的問題都一樣。身爲藝術家，別人要求我們重複自我，以拓展既有市場。有時候我們做得到，有時候則不能。

藝術家成功的秘訣在於，不要用未來作巨額抵押。如果在漢普頓買幢房子，需要痛苦在知道結果的那一刻，你就迷失了。

——葛利斯（Juan Gris，畫家）

創作兩年，硬著頭皮完成約定好的作品，結果只爲了換取鈔票，那麼這幢房子便是昂貴的奢侈品。

這並不是說編輯不要預先作季節性規劃，或是工作室要棄守商業底線；而是說，在財務環境下辛勤工作的創意人，除了致力於保證暢銷的作品外，也不要忘了創意靈魂所呼喚的冒險作品。想在創意上有成就，未必要推翻成功的事業，只需稍稍推翻每天的行程安排，略爲調整每日的軌道，長期下來就能改變航向，以及對事業的滿意度。

這表示，要寫晨間隨筆，要赴藝術之約。你說：「可是我有工作室要打點」或者其他你非做不可的事。我說：「有人依賴我。」因著這個理由，更要依賴自己並保護自己的創造力。

倘若我們忽略了內在承諾，在外在世界裡很快就會看得出要付出的代價：說起話來無精打采，落得機械化的下場，創意的快感退出生活，最後還會缺錢。想以守成的方式確保自己的進帳，將會喪失我們的領先優勢。當承諾要完成的作品離內心傾向愈來愈遠，藝術家就會感到深沉的倦怠。我們必須把熱情放在刀口上，不要沉醉在每天的創意差事中。

藝術家可以、同時也有責任滿足生意夥伴的要求。比較困難也比較重要的是，身爲藝術家，必須不斷滿足自身藝術成長的內在要求。簡言之，當成功降臨在我們身上時，務必要提高警覺。藝術停滯所換來的成功，注定會帶來失敗。

運動禪

遇到阻礙的創意人大多是用腦過度，想遍所有要做但做不到的事。在復原初期，我們會接著想遍所有想做但沒有做的事。爲了能夠確實復原，還要效果持久，我們必須走出頭腦，進入「身體」的工作。爲了達到這個目的，我們首先要「進入身體」。

同樣的，這和接納與否有關。創造力需要行動，行動有一部分是靠肉體。西方人運用東方的禪修技巧，達到喜樂和崇高的境界，但也因此喪失正常功能。當我們喪失本身的基礎後，行爲能力也跟著喪失。爲了追求高等意識，我們用新的方法把自己變得無意識。在心靈上和此對峙的練習，導致我們的功能失常。

回到把自己當成心靈收音機的觀念，我們需要足夠的能量發出強烈訊號，這時候走路就派上用場了。我們追求的是移動式冥想，用移動的行爲讓自己進入當下，將有助於使自己不再原地打轉。一天走二十分鐘就已足夠，目的是爲了伸展頭腦，而非身體，所以不需要強調身材；但到最後，好身材應該是免不了的結果。

目標在於和身外的世界連結，不再沉溺於自我探索的自我聚焦，只是單純地去探索。很快提一下，一旦把精神聚焦在他人，自己反而會成爲更精準的焦點。

現在是早上六點半，大藍鷺從棲息的矮草叢中起身，用巨大的翅膀有節奏地飛越河

我不再意識到自己的動作，我發現和大自然以新的方式合而為一。我找到力與美的新源頭，我從未夢想過有此源頭的存在。

——班尼斯特（Roger Bannister，首位在四分鐘內跑完一英哩者的感言）

保持身體健康是本分……否則心智將無法健全和清澈。

——佛陀

面。鳥兒看到珍妮在下面，下面的珍妮也看到鳥兒。她毫不費力地大步走著，興高采烈地向藍鷺打招呼：「嗨，眞是美好的早晨，不是嗎？」此時此刻，他們心靈相通，同樣狂野、自由、開心的動作，在風、雲和樹之間移動。

現在是下午四點半，珍妮的老闆杵在她的辦公室門口，新會計在挑毛病，她的文件還要再更改。她應付得來嗎？珍妮說「可以」。她可以，因爲她仍翱翔在晨跑的快樂能量中。那隻藍鷺，側著身轉彎時，閃耀的銀色如鋼鐵般湛藍……

珍妮算不上是運動員，不參加馬拉松，也不跟嘻嘻哈哈的單身團體一起跑。雖然她慢慢地愈跑愈遠，臀部愈來愈小，但她並不是爲了身材而跑。珍妮不是爲了身體，而是爲了靈魂而跑；精神美好爲一天的生活定調，從緊繃變得順暢無比。

珍妮說：「我爲了將眼光放遠而跑。」當客戶挑剔她的文件時，珍妮抽離自我，像藍鷺般翱翔在挫折上。並不是她不在乎，而是她用新的眼光——鳥的視野，看待她在宇宙中的苦難。

伊芙是小說家，也是游泳選手，修長、金髮、體形婀娜多姿，如家鄉洛杉磯立體道路的曲線。她游泳，是爲了舒緩腦海中過度擁擠的交通流量。她說：「游泳對作家是很棒的運動。」她每天在住家附近的水綠色橢圓泳池裡游泳，深深地潛入腦海中，游過雜草般的日常瑣事：哪位編輯的支票開晚了、爲什麼打字員總是錯誤百出……，一直潛到安靜、碧身體裡流的是聖河，也是日月和所有朝聖之地……我見識過的極樂殿堂是我自己的身體。

——薩哈拉尊者（Saraha，八十四位大成就者之一）

綠的靈感中。重複有節奏的行動，會把頭腦能量的重心從理性腦轉移到藝術腦，靈感在藝術腦中可以擺脫理性的束縛，無拘無束地冒出水面。

瑪莎是個木匠，也是長程自行車騎士。身爲木匠，她每天必須爲建築問題尋求新的解決方式，面對錯綜複雜的設計狀況，必須用簡單的答案來解決複雜的問題。「完工時要如何保留工作空間，又會不占用地板空間？」或「有哪種櫥櫃能嵌進這個角落、掛在牆上，和傢俱比起來又不會顯得太突兀？」瑪莎每天從市郊騎車到都市上班，騎著騎著，問題的答案就浮現了。如同紅翅膀的燕八哥突然飛起穿過她的視線，瑪莎騎車時總會靈光乍現，想出如何解決設計上的問題。瑪莎帶著節奏重複踩著踏板，同時踩出源源不絕的創意。「這是我讓想像力遊蕩和解決問題的時刻。」瑪莎說，「答案自然而然出現，我就是能自在地自由聯想，事情自然水到渠成。」

水到渠成的事還不止工作，在騎單車的時候，瑪莎不止感受到自己的動作，還透過宇宙感受到神的動作。她還記得那次獨自在紐約州北部第二十二號道路上騎車，天空是蔚藍色的圓弧，綠色和金色交錯的玉米田，瑪莎馳騁的黑色柏油道路，像條絲帶直達神的內心。「寂靜，藍天，黑絲帶公路，神，風。騎著車，我感受到神，尤其是在黃昏和清晨的時候。我在行進間冥想的效果勝過靜坐，一個人想去哪就去哪。風吹拂著，我獨自騎在風裡，使我集中精神。我感覺和神那麼靠近，讓我的心靈忍不住高歌。」

運動教我們過程能帶來獎勵；也讓我們學到，完成小事能有成就感。珍妮用跑步來延伸自己，藉此汲取意想不到的內在源頭。瑪莎把這股力量稱之爲「神」，不論這股力量是受到什麼召喚，當我們懷疑自己的個人力量時，運動似乎都能在其他情況下召喚起這股力量。當我們在創作計劃中遭遇挫折時，不僅不會放棄，反而學會度過難關。

「生命是一連串的柵欄。」莉比是從事騎馬運動的畫家，她說：「以前我把生命視爲一連串的障礙或路障，現在則像是柵欄和挑戰。我應付得有多好！」莉比每天訓練馬匹的時候，「教牠在跳躍以前要思考，腳步調整好。」她學會了用同樣的技巧面對自己的生命。

創意耐心不是與生俱來，而是學來的，一部分是因爲感受到和宇宙創意的連結。莉比說：「騎馬關閉了我的理性思考，讓我只剩下感覺和參與。當你騎過草地，麥穗的細小絨毛在四周飄蕩，這種感覺讓心想要高歌。當你越過雪地，身後留下的蹤跡在太陽下閃閃發亮，心裡想要高歌。這種時候的強烈感受讓我學到，要留意生命中的其他時刻。當我和男人在一起有高歌的感覺時，那也是在草地和雪地裡的感覺，這樣我就知道，我要歌頌的是自己的感受能力。」

沉醉在大自然中，不止會有心中想要高歌的感受，運動本身還有項副作用，就是能引發腦內啡的天然亢奮。跑者在骯髒的都市街道跑步，覺得洋溢著幸福感受，和莉比依著節奏沿著鄉間小路漫步的感覺，是相同的。

「神在天堂司宇宙，世上一切皆太平」，是伯朗寧（Robert Browning）在「皮帕走過了」這首長詩中所描述的心情。皮帕在走路時有這種感受，絕對不是巧合。並非每個人都能買得起馬或是十段變速自行車，大多數人都必須依賴雙腳四處走動或當作消遣。我們可以像珍妮一樣跑步，也可以把走路視爲運動。身爲藝術家，步行還有陶醉在感性中的附加好處。事物不會呼嘯而過，我們會看到事物的眞實面貌。從某方面說來，要察覺才能有洞察力，活水注滿後，要汲水就輕鬆多了。

蓋瑞是道地的都市人，瀏覽窗台上的盆花和袖珍花園，就是他所謂的鄉間漫步。蓋瑞的心得是，「在都市裡，人就是風景。」他還知道要抬頭，而不是低頭，以便欣賞建築物上俗氣的點綴和雕刻。從街道上望去，這些刻意的裝飾，往往使樓房像路過的芸芸眾生般毫不起眼。穿梭在高樓大廈之間，蓋瑞發現了另類景觀：窗戶裡坐著一隻橘子果醬色的貓咪，下方的窗台上種植著粉紅和大紅的天竺葵；變成暗綠色的教堂銅屋頂，在暴風雨中閃著銀光；位於商業區和住宅區之間的辦公大樓，從大門可以望見鑲著大理石的富麗堂皇大廳；走到另一條街，有人在水泥地裡嵌入了一個馬蹄鐵吉祥物；壯觀的磚牆上方，居然高高放著一尊迷你自由女神像。蓋瑞覺得自由自在，遊走在城市街道上，怎樣都不會累。這兒有個天井，那兒有條鵝卵石步道，蓋瑞在都市中採擷視覺樂趣，正如他的老祖宗在這兒神佑根苗！身體與靈魂合而為一。

——羅斯凱

採個果子，在那兒摘粒梅子。他們採集糧食，他採集的則是精神糧食。有些知識份子認爲運動是不動腦筋的活動，毫無用處，殊不知運動能激發出許多想法。

正如前面所提，我們去該去的地方學習。運動往往能讓我們從停滯進入靈感，從問題進入解答，從自憐進入自重。我們眞的能在移動當中學習，學到自己比想像中強壯，學到用新的眼光看待事物，學到從他人和自己身上汲取內在資源，並且聆聽靈感以解決問題。在游泳、大步走、騎乘和跑步之中，答案似乎不請自來。根據字典上的定義，這正是運動的收穫之一：「運動：採取行動玩樂，或以行動實踐。」（《韋氏大專辭典》第九版）

打造藝術聖殿

晨間隨筆是一種冥想，帶領你走向你的創造力和造物者，也就是神的面前。想要輕鬆快樂地保持創意，就必須集中意念。如果有一套集中精神的儀式，會更容易做到。重要的是，要自己設計這套儀式，採用能感受到神聖和快樂的元素。

許多遭遇瓶頸的創意人，生長在嚴謹的虔誠家庭，想要輕鬆快樂地保持創意，必須先從這種環境中療癒，透過本身的創意儀式集中意念。一間靈性室、甚至一個靈性角落，都是絕佳方式。

這個避風港可以是房間的角落、樓梯下的隱蔽處、甚至窗台，目的在於提醒我們的造物者開展我們的創造力，並承認這項事實。在此處擺滿讓你快樂的東西。記住，內心的藝術家需要意象的滋潤。我們必須糾正一個觀念，認爲靈性和感官享受不能混爲一談；其實，藝術聖殿應該要提供感官享受。

我們生來是爲了歌頌世界上的美好事物，漂亮的樹葉、石頭、蠟燭、海中珍寶，這一切皆讓人想起造物者。

自己設計的小儀式對靈魂有益，在朗讀或寫正面陳述時，燃一炷香、點一根蠟燭、隨著鼓樂起舞、握著光滑的石頭、聆聽葛利果的聖歌，這些觸覺和物質的技巧，都能強化靈性的生長。

記住，小小藝術家說著靈魂的語言：音樂，舞蹈，香氣，貝殼……。你供奉造物者的藝術家聖殿，看起來需樂趣橫生，甚至要帶點傻氣。記住，小孩子都喜歡俗氣亮眼的東西，你的藝術家也是個小孩，所以……。

作業

1. 錄下自己朗讀基本原則（請見第三十頁）的聲音，從這本書當中選出最喜歡的文章，一起錄下來，利用這卷錄音帶作冥想。
2. 用手抄錄第四週你所寫的藝術家禱詞，放在皮夾裡。

藝術不是複製看得見的東西：藝術是使東西讓人看見。月亮引出創意，如同化學藥劑洗出照片影像。

——哈里絲（Norma Jean Harris）

3. 替自己買本特別的創意筆記本，標出一到七的頁數，每一頁分配一項主題：健康、財物、休閒、關係、創意、事業、靈性。在每個項目之下列出十個願望，不要想是不是不切實際。沒錯，是稍嫌多了點，就讓自己作作夢嘛！
4. 做第四週「眞正的改變」的段落，核對一下，自己開始復原後有哪些改變。
5. 列出五件要繼續改變的事項。
6. 列出接下來的半年內，要用哪五種方法滋養自己：要上什麼課、要滿足自己什麼、藝術之約、只有自己一個人的假期。
7. 拿出一張紙，寫下培養自己的一週計劃，也就是一個禮拜每一天，都有一項充滿愛意的具體行動：要熱熱鬧鬧！
8. 寫下並寄出一封打氣的信給內心的藝術家。這看起來雖然愚蠢，但收到信的感覺可是好得不得了。記住，內心的藝術家是個孩子，喜歡讚美、鼓勵、熱鬧的計劃。
9. 再次重新檢視你對神的概念。你的信仰體系是限制，還是支持你拓展創造力？你是否敞開心胸，改變你對神的概念？
10. 列出十項心想事成的私事，證明有可能存在滋養創意的力量。

檢查

1. 這禮拜你寫了幾天晨間隨筆？有什麼感受？你有沒有建議別人寫晨間隨筆？爲什麼？
2. 這禮拜你赴藝術之約了嗎？（有沒有考慮安排一整天作爲藝術家日？哇！）你做了什麼事？感覺如何？
3. 這禮拜有心想事成的經驗嗎？是什麼事？
4. 這禮拜有什麼事對你的復原具有重大意義？描述一下。

Week 12

信任自己的內在指引

在最後一週，我們要感謝與生俱來、神秘且靈性的創意之心。要討論一件事，創意需要接納和深深的信任；這兩種能力來自十二週課程的學習。我們設定創意目標，然後特別注意最後關頭會受到的傷害。再次承諾要使用這些工具。

信任

走進森林才能開始探險，這是展示信念的第一步。

——哈特（Mickey Hart，死之華合唱團鼓手）

創造力需要信念，信念需要放棄掌控。因爲害怕，所以我們抗拒，而抗拒創造力是自我毀滅的一種形式，我們在自己的道路上設置路障。爲什麼要這麼做呢？爲了維護掌控的假象。沮喪、憤怒、焦慮都是排斥，排斥會造成不適。遲鈍、困惑、「我不知道……」，都是不適的症狀。

老實說，我們眞的都知道，而且「知道」自己知道。

每個人的內心都懷著夢想，如果有勇氣承認，就能展開夢想。此外還要有相信自己承認的信念。承認是很困難的事。來個通關的肯定句，往往能打開這個管道。「我了解我知道的事」，是個佳句；「我信任自己的內在指引」，也一樣好。不管是哪一句，最後都能帶來屬於自己的方向感——我們會立刻抗拒的方向！

這股抗拒眞的很容易理解。神對我們的期望，竟然和我們自己的內在夢想一致，這是個陌生的想法；我們寧可相信文化所傳達的訊息：人世間是個眼淚之谷，生來是要盡義不要怕犯錯；沒有錯誤這回事。

——戴維斯（Miles Davis，卓越的爵士樂手及小喇叭手）

務，然後死去。其實，我們生來是要活得富足，並且好好過日子。宇宙永遠支持正面的行爲。自我最眞實的夢想，永遠都是上帝對我們的期望。

哈特的英雄，同時也是他的心靈導師——已故的偉大神話學家坎伯寫過，「追隨福分，無門之處會開啓門扉。」我們在內心承諾要忠於自我和追隨夢想，宇宙就會伸出援手。當我們覺得矛盾的時候，也會認爲宇宙很矛盾和古怪。穿過生命的豐沛水流必然是間歇性的，再加上長期的乾旱，我們的補給會萎縮成小水滴。

有時候世界似乎搖擺不定又不值得信賴。回顧這種時刻，其實正是我們自己搖擺不定、目標和行爲衝突的時刻。只要我們心裡願意確認最眞實的目標和欲望，宇宙就會反映出那股意願，並加以壯大。

每個人都有自己的路要走；走在正確的路上，腳步就會很踏實，我們知道下一步該做什麼——雖然未必知道轉個彎會遇見什麼。經由信任，我們學會了信任。

神秘

創意和人類生活一樣，從黑暗中開始。我們必須承認這件事，而不要只想到光：「靈光一現，我就想到了！」沒錯，洞察力有時會以閃光的形式出現；沒錯，有些閃光亮得令人睜不開眼。然而，一定要先要有內在的陰鬱孕育期，才會有眞正的好點子，這一點都錯神秘是我們所能遭遇的最美麗事物。

——愛因斯坦

不了。

點子常被比喻成心血結晶，然而我們卻沒領悟到，心血結晶和嬰兒一樣，不能提早脫離創意子宮。點子如同鐘乳石和石筍，在意識的黑暗洞穴中成形，一點一滴形成，並非一塊塊方正的建材。我們一定要學著等待點子孵化；或者用園藝做比喻，一定要學著不要把點子連根拔起，看看它長大多少。

在紙上深思，是毫無藝術可言的藝術形式，是無所事事，是在打發時間。點子就是這樣慢慢成形，直到足以幫助我們看到光明爲止。我們往往想要推動、拉拔、概述並掌控點子，不肯讓點子以有機的方式成長。創意過程是退讓，而不是掌控的過程。

神秘正是創意的核心，再加上驚奇。我們嘴上說想要有創意，其實眞正的意思是要有作品。有創意正是有作品，但是必須和創意過程合作，而不是對創意過程施壓。

身爲創意管道，我們必須信任黑暗，必須學會深思熟慮，不要像只會直直往前衝的火車頭。在紙張深思會引起壓迫感，我們擔心：「這樣下去，永遠不會有眞正的點子！」

孕育點子很像做麵包，點子需要發酵。如果一開始就戳來戳去、不斷檢查，絕對發酵不起來。麵包或蛋糕烘焙需要在黑暗、安全的烤爐中待上很長一段時間，若太早打開爐門，麵包會垮掉、蛋糕會空心，因爲熱氣提早外洩了。創意需要敬重和節制。

實際上，這才是想出最佳點子的方法。讓點子在黑暗和神秘中成長，讓點子覆蓋在意識上方，讓點子在紙張上點滴成形。信任這滴緩慢又看似隨意的水珠，有一天我們會被「哇！這就對了！」的靈光嚇倒。

除了看不完的事物，還有什麼能震撼眼睛？

——羅斯凱

發揮想像力

談到創意，很容易令人想到正經八百的藝術。對我們而言，正經八百的藝術像是被判處死刑。培養創意需要歡樂氣氛，甚至幽默感：「藝術，是我老姐以前約會的對象。」

我們處於野心勃勃的社會中，如果創意對自己或事業沒有好處，我們便很難培養任何形式的創意。復原促使我們重新檢視創意的定義，同時擴大創意的定義，把以往稱之爲嗜好的事物也包括進來。根據創意生活的體驗，嗜好其實是喜樂生活的關鍵。

嗜好還有一項看不見的好處，就是有助於創作。許多嗜好涉及藝術腦的反覆思考形式，能形成龐大的創意突破力量。跟我學習寫劇本的學生，第二幕寫到一半便無法繼續，我拜託他們回家縫縫補補。他們通常會猶豫，認爲這個要求太平凡了，但縫紉確實有助於編織劇情。我也常常規定創意課的學員要從事園藝工作，在開創新生活的半途中，把植物改種到更大、更好的花盆裡，讓人在現實之中扎根，獲得擴展延伸的感覺。

嗜好對心靈也有好處，以機械式的方法做事會讓人感到謙卑。我們在嗜好中擺脫本我的要求，可以和更偉大的源頭合而爲一。解決惱人的個人或創意難題，往往需要這種有意識的接觸，才看得出答案。

恢復創意的弔詭之處在於，要認眞看待「放輕鬆」這件事，必須努力學習玩樂，從正經八百的狹隘藝術範疇釋放出創意，把創意視爲更加廣義的玩樂（又提到玩樂了）。

我們在寫晨間隨筆、赴藝術之約的同時，腦海中會浮現許多被遺忘的創意樣本。

- 我都忘了中學時候畫過的畫。我喜歡用誇張的筆法畫出平淡無奇的事物。
- 我突然想起自己演過安蒂岡妮（希臘神話中伊底帕斯的女兒）。誰忘得了這個角色？我不知道自己演得好不好，但我記得自己熱愛這個角色。
- 我都忘了十歲時寫的短劇。不管劇情是什麼，我都配上拉威爾的波麗露舞曲，兄弟姐妹都在客廳被我搞得團團轉。
- 我以前跳踢躂舞。我知道你現在一定不信，但當年我可是有兩下子！

寫著寫著，自己將不再否認，所有的記憶、夢想和創意計劃都一一浮上檯面，讓我們重新發現自己有創意。我們的內心都熬著一股動力之湯，一直在細火慢燉著；只是我們一直都不知情，也不鼓勵，甚至不允許。動力在生活的表面下移動，在思想之流中像硬幣般閃耀著光芒，如同覆蓋在白雪下剛萌芽的青草。

對我而言，一幅繪畫就如一則故事，能激發想像力，並將心靈吸引至充滿期待、興奮、神奇和喜悅的地方。

——哈夫斯頓（J. P. Hughston，畫家）

為可能的事而狂喜，即是玩樂。

——布伯
（Martin Buber，哲學家）

我們有心創作。我們重新粉刷老舊的廚房、耶誕節替貓咪打個領結、試著把湯煮得更好喝。小時候抓點這放點那，用半塊香皂加些肉桂想做出香水，長大後就會買雜燴煮成一鍋美味的耶誕佳餚。

我們試著陰鬱、試著掌控、試著不作夢，但夢想的火苗絲毫掩蓋不住。餘燼永遠像冬天的樹葉在冰凍僵硬的靈魂中飄揚，偷偷摸摸地搗蛋，不肯離去。在無聊的會議中瘋狂塗鴉，在辦公室佈告欄上張貼搞笑的卡片，替老闆取個惡劣的綽號，種植花草的數量超過原來一倍。

因爲生活焦慮，以致我們渴望更多。我們許願，我們惱怒；在車裡唱歌、摔電話、列清單、清衣櫥、整理架子。我們想做點事，又覺得應該要做對的事，也就是重要的事。

我們是如此重要，因此可以去做一些令人開心的小事：丟掉枯死的植物，把配不成對的襪子扔了。失落刺痛了我們，希望咬著我們。我們寫起晨間隨筆時，嶄新的、豔俗的生命成形了嗎？誰買了杜鵑花？爲什麼突然喜歡起粉紅色？牆上釘的照片是你想變成的「你」嗎？

鞋子穿壞了，丟掉；來個車庫大拍賣，由你來負責；買一本初版書、大手筆買新床單；這麼多年來第一次度假，讓原來擔心你的朋友不知道你到底怎麼了。

時鐘不停地走，你聽到了節奏；你逛博物館的禮品店，在潛水報名表上簽名，星期六上午專心解決難題。

你若不是喪失理智，就是獲得靈魂。生命原本就該是一場藝術之約，所以我們才要創作。

逃脫的速度

我的朋友米雪兒有個理論，出自她糾纏不清的漫長情史，簡單說就是：「當你要離開他們的時候，他們知道。」

這番道理也適用於創意復原。當你到達米雪兒所謂的「逃脫速度」時，套句她的話：「就在出發的節骨眼上，如同太空總署發射火箭的時刻，你正往那方向走去，砰的一聲，考驗找上門來了。」

「考驗？」

「對呀，考驗。例如，你都準備好要嫁給如意郎君，他對你也很殷勤，然後一個壞小子聽到消息後打電話來找你。」

「噢。」

「秘訣在於逃避考驗。每個人都會有考驗找上門，是那種敵人全部加起來的考驗。」

米雪兒從事律師事務，業餘時喜好寫作。她喜歡陰謀論，把人心險惡捉摸得一清二除非同意先有一段長時間不看海岸線，否則無法發現新陸地。

——紀德（André Gide，法國作家，諾貝爾文學獎得主）

楚。

「想想看，你有要務在身，安排妥當準備去西岸出差，老公突然需要你，且事關重大，沒有特別的理由……當你準備好要辭去爛差事，黑心老闆突然五年來第一次替你加薪……不要被騙，千萬不要被騙。」

聽米雪兒講話就知道，當了這麼多年的訴訟律師，對於她成爲創意人很有幫助，至少她沒有再被騙。但眞的如她所說的那麼險惡嗎？考驗眞的會送上門來嗎？我想了想米雪兒告訴我的每一件事，結論是：眞的。

我想起自己被騙的經驗。某經紀人讓談好的條件告吹，道歉的話倒是說得很好聽……有位編輯總是要求我再重寫，寫到什麼內容都沒了；但卻總說我寫得很精彩，是她最耀眼的明星。

一點點甜言蜜語就能緩和逃跑的速度，給點錢的效果也是一樣。比這兩者更惡劣的是講些令人遲疑的話，並在緊要關頭發生影響力，尤其是出自最親近的人口中——「爲了你好，你必須確定自己已經想清楚了。」

復原的創意人會發現，一旦事業有起色，我們就去找關係最親密又會掃興的人。我們去找疑心病最重的朋友，而還是自己打電話找他，傾吐心中的熱情；如果我們沒打，他就會打來，這就是考驗。

內心的藝術家是個孩子，是我們內在的稚子，一害怕就要找媽咪。不幸的是，很多人的媽咪都會掃興，還有一大群候補的掃興媽咪，他們是一群替我們一想、再想、三思、四思的朋友。秘訣就在於不要讓他們得逞。怎麼樣才做到？嘴巴拉上拉鍊，緊閉雙唇，蓋上蓋子，守好金子。永遠不要忘記，沉默寡言是魔法的第一步，務必守住我們內在的企圖心，用力量去激發，唯有如此才能展現你的渴望。

爲了能快速逃脫，我們必須學會保守秘密，在心懷疑慮的人中間靜悄悄地走動。計劃只說給盟友聽，我們要擦亮眼睛找對盟友。

列一張名單：有哪些朋友會支持我。再列一張名單：有哪些朋友不會支持我。寫出掃興之人的名字，找出不會掃興的人、令人窩心的人。不要姑息或容忍任何潑你冷水的人，別管是否是一番好意，別管是不是眞心誠意，只管計算自己的福氣和腳趾頭。快速逃脫需要由鋼鐵意志所鑄造的寶劍，以及自我決心的盾牌。

「別忘了，他們會找上門來。」米雪兒警告說：「設定目標，設定界限。」

我還想加上一句：設定視線。別讓地平線上若隱若現的怪物，改變了你的脫逃方向。

作業

1. 對於未來的發展有哪些抗拒、憤怒和畏懼，寫下來。每個人都會有。
2. 看看你目前有哪些部分遲遲未動手，再等待下去要付出什麼代價？找出隱藏的畏懼，在紙上列出來。
3. 偷瞄一下第一週的負面核心信念（見第六十六～六十七頁）。哈哈大笑，是的，小人還在。留意自己的進展，讀第七十五～七十六頁的肯定句給自己聽。在課程結束時，爲自己後續的創造力寫幾句正面陳述。
4. 補強需要改善的事物。
5. 把修剪過和枯萎的植物種在新的花盆裡。
6. 挑一個「神罐」。一個什麼？罐子、盒子、瓶子、容器。把你的恐懼、怨恨、希望、夢想、擔憂放進去。
7. 使用神罐，從第一項作業的恐懼清單開始，擔心的時候就提醒自己已經放在罐子裡了——「在神那兒了」。接著採取下一步行動。
8. 現在，檢查：老實說——你最想創作什麼？敞開心胸——你敢嘗試什麼樣的怪招？願意——爲了追求夢想，你願意改變哪些現象？

9. 寫出五個人的名字，你能和他們討論夢想，同時也支持你的夢想和計劃。
10. 重讀這本書，和一位朋友分享。記住，藝術家能互相分享就是奇蹟。信任神，信任自己。

祝各位好運！神賜福各位！

檢查

1. 這禮拜你寫了幾天晨間隨筆？有沒有認定這是永久的心靈習作？你有什麼感受？
2. 這禮拜你赴藝術之約了嗎？可不可以讓自己把它當成永久的習慣？你做了什麼事？感覺如何？
3. 這禮拜有心想事成的經驗嗎？是什麼事？
4. 這禮拜有什麼事對你的復原具有重大意義？描述一下。

身爲重拾創意能量的創作人，三個多月以來，你爲了重新找到創意的初衷，花了很多時間，並且隨著成長而快速變化。爲了繼續復原之路，你需要向進一步的創意計劃做出承諾。下一頁的合約能幫助你完成計劃。

創意合約

我＿＿＿＿＿＿＿＿，是正在復原的創意人。爲了增進成長和喜悅，我現在向自己承諾下列的自我滋養計劃：

晨間隨筆已是自我滋養和自我發掘的重要一環，我＿＿＿＿＿＿＿＿謹此承諾自己，在未來九十天繼續寫晨間隨筆。

藝術之約讓我在愛自己中成長、以及增進生活中的喜悅上，已密不可分。我＿＿＿＿＿＿＿＿願意承諾在九十天內，每週赴一次藝術之約以照顧自我。

在踏上這十二週的課程，以及療癒了內心的藝術家之後，我發現自己有幾項創意興趣。儘管我希望朝多方面發展，但接下來的九十天內，我要特別承諾自己更加完整地探索＿＿＿＿＿＿＿＿。

具體承諾要去實踐行動計劃，是滋養內心藝術家的關鍵。接下來的九十天內，我預期的自我滋養創意行動計劃是＿＿＿＿＿＿＿＿。

我選擇＿＿＿＿＿＿作為創意同事和＿＿＿＿＿＿作為創意靠山。我承諾每週打一次電話確認。

立下上述承諾後，我將於＿＿＿＿＿＿開始履行新的承諾。

＿＿＿＿＿＿（簽名）

＿＿＿＿＿＿（日期）

我終於發現所有行動的源頭，即產生各式各樣行動的整體。

——鄧肯（Isadora Duncan，舞蹈家）

創造只是將早已存在的東西顯現出形式。

——《聖典博伽瓦譚》（*Shrimad Bhagavatam*，印度經典）

後記

藝術家之路

在書的結尾，我想來個精彩大結局，用想像力神來一筆，讓人看出這本書是我的著作。這個念頭雖然有點自負，但應該無傷大雅；不過這時我卻想起自己看過好幾幅很欣賞的畫作，但畫家過大的藝術簽名反倒另人分心。所以，精彩大結局就算了吧！

其實，這本書的結尾應該是來自另一本書的畫面。印象中，也許我是在運用想像力而非記憶力，牟敦（Thomas Merton，二十世紀知名文學家）所著的《七重山》（*Seven Story Mountain*），早期有個版本，封面上是一座山——一座七層山，很可能是。

也許封面上有這座山，也許沒有；這本書是我好多年前讀的，那個早熟的十二歲。現在，我腦海裡浮現的山有喜瑪拉雅山那麼高，蜿蜒的小徑通往山頂。這一條盤旋而上的小徑，是我心目中的藝術家之路。在登山途中，我們一再繞回來看到相同的風景，一次又一次，只是高度稍微有些變化。「我來過這裡」，我們心裡這麼想，這是停滯期的魔咒上身。從某種角度說來，我們是來過此地。然而道路從來不是康莊大道，成長是一種迴旋的過程，不斷地重複，重新評估，重新組合。藝術家的進度備受惡劣地形或風雨的干擾，濃霧也許遮蔽了我們走過的路程，或是朝向目標的進度。偶爾會有燦爛的風景帶來愉悅，但最好的方法就是一次走一步，並且要留意腳底下的道路，也要注意尚未攀爬的高度。

藝術家之路是心靈的旅程，是回歸自我的朝聖之旅。我們走的路和所有偉大的旅程一樣，路途上必有危險，就像我在書中列舉的一部分危險。我們步上藝術家之路，也和所有朝聖者一樣，有其他旅人和隱形伴侶同行。我稱之爲「前進指令」的東西，對其他人而言，可能是內心沉靜的小小聲音；說得再簡單點，就是直覺。重點是，只要注意聽就能聽得到。豎起你的靈魂，聽指引。

布萊恩開始逼我寫這本書的時候，他剛看完《盜馬賊》（*The Horse Thief*），這是一部談論西藏的中國電影。這部北京電影學院的經典作品令他難忘。我們找遍中國錄影帶店和電影檔案，都遍尋不著。布萊恩告訴我影片中的主要畫面——另一座山，登山的祈禱之旅，曲膝，走，拜倒，站起身挺直，再走一步，拜倒……

電影中的旅程是，盜馬賊和妻子因偷竊而使族人蒙羞，因此步上彌補罪過的旅程。從那時起，我就不禁在想，我心中藝術家之路的那座山，在登山時是不是最好抱著彌補的心態——不是彌補他人，而是彌補我們的自我。

畫永遠沒有完成的時候；只是在有趣的地方停止罷了。

——貫納（Paul Gardner）

創作之路問與答

引言

雖然恢復創造力是個別差異很大的一種過程，但我們在教學時不斷遇見某些重點和問題一再出現。以下列出最常被提出的問題和釋疑，希望至少直接回答了部分問題。

問與答

問：是不是只有一小部分人擁有眞正的創意？

答：不，絕非如此。我們都有創意，創意是自然的生命力量，每個人都能以某種形式感受到。就像血液是人體的一部分，而我們不需發明，創意便是我們的一部分，每個人都能從宇宙偉大的創意能量中，汲取強烈的、浩瀚的心靈泉源，以增強自己獨特的創意。

我們的文化對創意的定義過於狹隘，認爲是菁英的用語，只屬於一小群被神選中爲「眞正藝術家」的族群。實際上，我們所做的每一件事，都需要富有創意的抉擇，只是我們很少體認到這項事實。穿著打扮、佈置住家、打點工作、挑電影看、甚至和什麼人來往，這些全是創意的表現。我們對創意有錯誤的信念，我們的文化虛構出的藝術家（「藝術家都是貧窮、瘋狂、雜交、自我中心、單身，否則就是有信託基金當作靠山。」），讓大家聽了只想放棄未實現的夢想。這些迷思大多涉及金錢、時間、其他人對我們的安排，清除了這些障礙，我們就可變得更有創意。

問：我能不能期待立刻出現驚人的效果？

答：可以說能，也可以說不能。在十二週的課程中會出現驚人的改變，當藝術家之路的工具成爲生命的工具時，還會有更驚人的轉變。二、三年間的變化，感覺就像是奇蹟：遭遇瓶頸的導演拍出一部短片、第二部短片、接著是劇情片；創意遇阻的作家先是寫小品、評論、文章，後來竟寫起整本書和劇本。如果晨間隨筆和藝術之約這兩項基本工具的位置擺對了，你便可以期待生命大幅度轉變。

問：是什麼因素使大家無法發揮創意？

答：制約。家人、朋友、學校都不鼓勵我們從事藝術工作，藝術家一向被誤認爲「與眾不同」，這種與眾不同的錯誤想法使人害怕。如果我們對藝術家的本質有負面看法，就不會認眞去做成爲藝術家必須做的事。

從社會層面來看，受制的創意能量展現出來是自我毀滅的行爲。許多人從事自我毀滅的行爲，例如對酒精、毒品、性交、工作上癮而無法自拔，其實只是受到創意力量黑暗面的擺佈。只要逐漸發揮創意，創意力量的負面表現往往就會減少。

問：這本書如何釋放人們，使大家變得更有創意？

答：此書的主要目的和效果，是讓大家接觸自身的內在創意力量。本書讓大家以各種方法發揮創意。首先，去除對藝術家負面的看法。其次，幫助大家發掘、接觸並隨意表達自己的創意力量。第三，讓大家察覺自我毀滅行爲，看清楚自己的道路上有什麼阻礙。最後，本書幫助大家確認和歌頌自己的渴望和夢想，爲達成渴望和夢想做計劃。此書教導大家如何支持和愛護自己，同時找到能支持自己去實現夢想的人。

問：此書一項重要的主題在於連接創意和靈性，請問此兩者如何連結？

答：創意是心靈的力量。如同湯瑪斯對生命力量的看法，即促使綠莖變成花朵的力量，這同時也是驅使我們去創作的動力。想創作的重要意願，來自人類的傳承和潛能，因爲創作必定是信念的舉動，而信念和心靈息息相關，創意也是如此。在奮力追求最高層次的自我，即靈性自我的同時，我們勢必會變得更加敏銳、更具優勢、更有創意。

問：談談書中的兩大練習主軸：晨間隨筆和藝術之約。

答：晨間隨筆是早上親手寫下三頁意識流的寫作，不要把它想成是「藝術」，這只是西方人冥想的積極形式。我們在晨間隨筆中向世界、向自我，宣佈自己喜歡、厭惡、希望、期盼、後悔和計劃的事。

相形之下，藝術之約則是接收的時刻。我們事先安排好，花幾小時單獨去做自己開心的事，目的在於滋養創意意識。這兩項工具合併使用，能產生收音機的效果。晨間隨筆有宣告和闡明的功能：向空白處發出訊號，獨處的藝術之約才能接收到回應。必須先經歷晨間隨筆和藝術之約，才有辦法解釋；就像讀慢跑的書，和穿上運動鞋去跑步，是兩回事一樣。地圖不代表領域，沒有自己的經驗作爲指標，便無法推斷晨間隨筆和藝術之約會產生何種效果。

問：「藝術家之路」是需要每天認眞去進行的十二週課程。我每天須投入多少時間？我能在十二週內做出什麼成績？

答：每天要投入半小時至一小時。這十二週的重要心得之一是，放棄完美主義的念頭，用新的角度觀察，從重視成品變成重視過程。學員在參與課程的時候，對於未來的結果和自己的收穫，都抱有某些沒說出口的期望和事先的想法。和眞正好的短篇故事一樣，他們會因爲發現完全不同的東西而深感意外和激動。因此，預測課程的收穫是破壞本課程的基本原則；要親身體驗，成果有待發掘，而不是有待解釋。

問：如何克服是否能成爲好藝術家的自我疑慮？

答：重點不在於「克服」成爲好藝術家的自我疑慮，而是在於「走過」自我疑慮。很多人都以爲「眞正的藝術家」不曾懷疑過自我；事實上，藝術家就是學著和疑慮共處、埋頭做事的那種人。書中的練習會幫助各位消除超愛批評的內在烏鴉嘴和完美主義者。各位會學到，想要完全發揮創意，就要「放」自己一馬。藝術家之路著重於過程而非成品，所以各位會學到珍惜「錯誤」，因爲這也是一種學習。

問：爲什藝術家遲遲不動手去做？究竟是爲了什麼？

答：藝術家遲遲不動手去做，是由於害怕，或是因爲想等到「情緒對了」才能行動。此書教導各位如何分隔情緒和生產力，同時教各位要重視愛護自我的熱情，而不要著重在機械式的自律。

問：如何增長獲得新點子的能力？

答：把你的批評家，也就是你的烏鴉嘴變小。雖然沒辦法完全擺脫批評家，你仍可以學著在負面批評中工作。晨間隨筆和藝術之約便是專爲連結我與非線性直覺自我而設計，運用這兩項工具，就能拓展獲得新點子的能力。我們愈來愈有朝氣，舊習慣和阻礙所造成的干擾便會愈來愈少，心情會更澄淨，聆聽的能力增強，因此更能接收到創意，並察覺到偶爾悄悄降臨在意識上的創意。

問：有關創意最常見的錯誤觀念是什麼？

答：最常見的錯誤觀念是，我們必須捨棄目前的生活才能追逐夢想。利用工作、家庭、財務狀況、時間義務等等來保障自己的「安逸」，是很輕鬆的事；若是跨出安全地帶去從事創作，我們便會感到焦慮。允許自己受委屈，就是拒絕讓自己享受無比的喜樂。挑戰阻礙最有效的方法是，在目前的生活圈中組成創意社群。以下是創意社群的指導原則。

創意社群指導原則

本書甫出版時，我就表示過，希望能組成修持團體。我把這種團體想像成同儕經營的小團體——「創意社群」，以此作爲彼此的明鏡，在突破創意瓶頸的目標下，團結一致。我的願景是，這種團體不收費，任何人都可以發起，使用這本書作爲指引和教材。確實是有許多同儕經營的小團體組成，還有更多正處於成形的階段。在這類藝術家之間、心和心之間的協助與支持，是這本書和《金脈》（*The Vein of Gold*）的核心。

想當然爾，許多治療師、社區大學、健康中心、大學、教師，迅速經營起要收費的「藝術家之路」團體。這種團體不只是單純的聚會，比較像是接受帶領。要堅守恢復創意的靈性原則，介紹大家使用從以往到現在都很寶貴的工具。不過，有人負責領導的團體，應該儘快進行自我管理，以便「晉級」成同儕經營的非營利狀態。

藝術家之路沒有教師「認證」，我選擇不申請「藝術家之路」的經銷權，把它當成免費的禮物送出。我相信，恢復創意的最佳境界是不講究等級、同儕管理的集體過程，這正是和學術、治療模式的差別所在。使用「藝術家之路」的專業團體都應該了解，務必以同儕經營的自主創意社群，作爲最終目標。被輔導的團體可以作爲達成此目標的橋樑。

多年來我四處教學，經常從同儕團體聚會中看到極佳的成效，但偶爾也會遇到「藝術家之路」被矯枉過正的狀況。若誤以爲重點在於智力「分析」或治療「步驟」，就有可能妨礙創意的開展。常見的問題是，被當成「精神官能症」或根深柢固的問題，純粹只是抗拒創意罷了。

這本書和我的其他「教學」書籍，都是經驗之作，目的是爲了教導大家透過創意行爲來處理和轉變生命。書籍和所有的創意社群，都應該透過創意行爲，而非過程理論來進行。身爲藝術家的我，很明白這一點。此書和其他書籍，是實踐藝術三十年的精華。

根據我的教學信念和經驗，所有人的健康程度都足以實踐創意。這不是需要合格人員指導的危險舉動，而是人類與生俱來的權利，也是我們可以溫和與集體進行的事。創意好比呼吸，靠人指點也許有幫助，但還是得靠自己動手。最好將創意社群視爲部落聚會，我們以同儕身分聚集在一起，開展自己的力量，提升、歌頌和實現流動在每個人身上的創意能量。

指導原則

1. 每週聚會二至三小時來使用十二週課程

每一名成員都需寫晨間隨筆和赴藝術之約，指導員也不例外。團體依照順序做練習，每個人包括指導員在內，都要回答問題，然後四個人一組分享答案，一週一章。不要和小組成員或任何人分享你的晨間隨筆。如果指導員或你的內在指引要求你重讀晨間隨筆，需等到課程後段才能重讀。

2. 避免有人自命為大師

如果要指派代表，也應該是作品本身，亦即由全員在家或其他地點集體整理出來的作品。每個人在團體中所佔的份量相同，沒有誰比其他人重要。也許有「老師」，也就是在這十二週指引他人向前行進的指導員，但這樣的指導員也需分享自己的題材、承擔自己的創意風險。這是一種雙向溝通，而不是自言自語；是人人平等的團體過程，沒有階級可言。

3. 聆聽

在分享自己的題材和聆聽他人的團體過程中，每個人都能各取所需。對於他人的分享，不需要以評論的方式提供協助。我們必須克制自己不要去幫別人「搞定」。各個小組合作想出恢復創意的「歌曲」，每首小組歌曲對該組都是獨一無二的，就如同鯨魚群以獨特的出聲和回音確立所在位置。聆聽的時候繞著圓圈走，不要過度評論自己所聽到的話。圓的形狀非常重要，代表我們是要互相見證，而非互相掌控。在習作分享時，大型團體分成四人一組很重要，因為五人小組很難控制時間，三人小組又不足以比對經驗。當然，並不是每個團體都能分成四人一組，若有辦法，就請儘量照做。

4. 互相尊重

請務必給予每位成員同樣程度的尊重和同情，每個人都要能說出自己的傷痛和夢想，不能有人被其他成員「搞定」。這是一種深沉又強烈的內在過程，沒有絕對的正確方式。愛很重要，對待自己要仁慈，對待彼此時也是。

5. 預期成員會出現變化

多數人會（少數人不會）完成十二週的過程。十二週結束後，往往會有段反叛或休耕期，大家會在稍後再度遵守規定。一旦重拾紀律，他們會發現，一年、數年、多年以後，過程會於內在開展。很多小組因爲結束而產生失落感，並會在八到十週內解散（創意逆轉）。團體共同面對事實，較有助於凝聚成員。

6. 自主

你無法控制自己的過程，別人的就更不用提。要知道，你偶爾會有叛逆心態，十二週內有時候不想寫晨間隨筆和做練習。故態復萌沒有關係，整個過程不可能十全十美，所以放輕鬆，對自己要客氣、要小心。即使你覺得什麼事都沒發生，然而你卻可能正在快速改變，這項改變深入了你自己的直覺、你的創意自我。課程的架構就是要安全地跨越橋樑，進入創意靈性知覺的新領域。

7. 愛自己

若覺得指導員有點「不對勁」，就換個社群或自行去組織。要不斷地尋求自己的內在指引，而非外在指導。你在和偉大的造物者建立藝術家之間的關係；別讓大師靠近，你的內心已有自己的答案。

致治療師、教師、寫作講師、其他「藝術家之路」小組組長

謝謝各位的傑出表現。我知道你們使用「藝術家之路」經營團體，但還是希望並期待各位能繼續使用「藝術家之路」來探索自身興趣的過程。我鼓勵各位追隨自己的創意願景，積極尋求自己眞正的方向；你將會發現，指導過程延續了自己的成長經驗。

「藝術家之路」的名氣和途徑，不能和書中列出來的技巧有實質上的差異，這一點再怎麼強調也不爲過。我花了十五年的時間檢測這些工具，就是爲了確定其實用性。即使你在執業時使用過這本書，也請各位不要在公開場合以「藝術家之路」的「專家」自居。我請各位記住，「藝術家之路」的智慧是人人平等的集體經驗。我聽說過有人濫用這項原則，例如小組組長要求在小組中朗讀晨間隨筆，這不是本書的精神所在。有人負責指導的小組，應該「晉級」成自由的同儕經營社群。

致接受療癒的患者

請記住，本書是「藝術家之路」教學的主要根據。在你恢復的期間，你的詮釋、運用本書和書中工具的方式，才是關鍵。我提醒各位，事情都是你做的，而不是受到某位神奇講師的影響，所以請把你的復原「佔爲己有」。

謝謝各位

很高興本書在各種場合以該有的方式（例如在大專院校，由治療師指導，由同儕負責的社群）被運用。再次提醒各位，使用「藝術家之路」時，務必符合本書的一貫精神，有任何疑問都應該參考書中內容。這是一趟個人的旅程，小組過程可以助你一臂之力。如果找不到小組或無法組織小組，就把自己和本書當成一個小組！

傳出去

那些發起同儕社群的人，你不需將「藝術家之路」變成賺錢的事業，不論是爲你還是爲我。如果你的心靈遵守收取十分之一的稅法，我建議你買一本書送出去。

【附錄】

上路雜記

組成聖圈

強尼．蘋果子（Johnny Appleseed）是我小時候最愛的英雄人物之一。他是一名流浪漢，周遊美國各地，凡是他走過的地方，必會留下花朵盛開的蘋果樹。我很喜歡這個想法。我希望這本書也能開枝散葉，藝術家和藝術家圈會紛紛出現。此狀況一定會實現，下列文章供各位在成立藝術家圈的時候參考。根據我自己的授課經驗，安心和信任的氣氛是創意成長的關鍵，我發現以下原則有助於營造這種氣氛。

聖圈

藝術是靈魂而不是智力的行爲。一旦論及夢想（其實是願景），就進入了神聖的領域，所涉及的力量和能量，遠超過我們自己的。我們對所參與的神聖事務所知不多，只知道陰影，不知道形狀。

基於以上理由，藝術家集會時務必要抱持神聖信任的精神來舉辦。在召喚自己創意的同時，我們也召喚了偉大的造物者，那股創造力量足以改變生命、實踐命運、回應夢想。

人類常常活得沒有耐心、沒有修養、沒有分寸。對於親密的人，我們很難表達內心的愛意；儘管如此，他們還是忍受我們，即使在我們亂發脾氣時，他們仍然堅守家庭更高更深的層次；這是他們的承諾。

藝術家隸屬於古老且神聖的部落，我們傳送眞實，靈魂經由我們而流動。在彼此相處的時刻，我們處理的不只是人的個性，還有看不見但永遠在場的眾多點子、願景、故事、詩句、歌曲、雕塑、眞相藝術，聚集在意識殿堂等待出世。

我們注定要爲彼此的夢想催生，我們雖無法替彼此分娩，但可以在他人藝術誕生必經的陣痛期給予支持，培育藝術臻至成熟。

因爲如此，有創意的地方就必須有聖圈存在。這個保護圈、這個靈魂界，使我們活出最高境界。在籌畫和認知聖圈時，原則是要超越個性。我們請出服務的精神，將其發揮到極致；也請出信念，相信能在伙伴之間成就自己的美好。

我們之間容不下妒忌、中傷、批評，也容不得暴躁、敵意、挖苦、爭奪地位。或許人世間容得下這些態度，但在藝術家之間則沒有容身之地。

群聚才能成功，聚集聖圈會爲自己創造有益的安全領域和吸引力中心。當我們懷著信念實踐此形式時，最好的人、事、物就會被吸引過來；我們引來自己需要的人，同時也吸引能夠發揮到極致的才華。

聖圈建立在尊重和信任之上，是花園的景象。植物有各自的名稱和生長處所，沒有一朵花需要爲其他花朵的需求而犧牲。每朵盛開的花都有其獨一無二、無可取代的美麗。

讓我們用溫柔的手從事園藝，讓我們給彼此的點子有時間開花結果，而不要提早連根拔起。讓我們忍受成長、休眠、周期、結果、重新播種的過程。讓我們不要急著下斷語，魯莽地揠苗助長。讓小小的藝術家永遠可以嘗試、蹣跚、失敗、再試。讓我們記住，大自然的每一次失落都有其意義，我們也不例外。倘若運用得當，創意上的失敗可以變成堆肥，滋養下一季的創意成功。記住，成熟和收穫是持久戰，不可求快。

藝術是靈魂的行爲；我們的靈魂則是心靈社群。

我是工作了二十五年的藝術家，過去十五年來都在教導如何恢復創意。在這段時間裡，我有充分的機會去親身體驗缺乏創意支援和找到創意支援的滋味；這種經歷往往決定了成功或失敗、希望或絕望。

我們現在所談的是破除孤獨的力量，對於任何復原過程，這個舉動都是強而有力的第一步。創意復原和其他的復原過程一樣，有志趣相投的人作伴，便可事半功倍。要脫離某種東西才能復原的過程，十二步驟的團體好像特別管用；要恢復某種東西，創意社群的效果顯著。

當人們問我，使藝術家不斷創作的最重要因素是什麼時，我知道自己應該要說「獨處」、「足以糊口的收入」、「育嬰」。這些都是好事，很多人也是這麼說的；但我認爲有個因素比這些事更好、更重要，我稱之爲「信心鏡」。

簡單來說，信心鏡是你創意的朋友，是一個相信你和你的創意的人。藝術家可以刻意成立我所謂的創意群聚，信心鏡的聖圈則能促進彼此成長，對彼此的創意反映出「ＹＥＳ」。

在我的經驗裡，和具有過更充實生活夢想的人互相打氣，會使我們受益良多。我建議可以組成每週聚會的社群，一起做書中的練習，分享和比較答案。一個人突破性的省思，往往能啓發他人。

記住，我們所處的文化總是在毒害藝術，有好幾種對藝術家不利的傳言滿天飛。據說我們是窮光蛋、不負責任、嗑藥成癮、瘋瘋癲癲；除此之外，藝術家還被認定是自私自利、不食人間煙火、狂妄、專橫、沮喪，最重要的是「不要人搭理」。

我們絕對會變成不搭理人的德性。

問問剛嶄露頭角的藝術家，爲什麼不敢深入自己的創意。他們會告訴你：「我很怕這輩子都沒人理我。」

美國人似乎把藝術家和牛仔混爲一談，藝術家被視爲沉默寡言、飄泊的獨行俠，永遠是迎向夕陽去幹活——形單影隻。希望你不介意我這麼說，牛仔的比喻根本就是鬼扯！我們都喜歡有人陪伴；藝術家其實欣賞其他藝術家，這可是我們偉大文化的秘密之一。

再想想看：印象派畫家的題材是什麼？午餐……一起用餐。布魯斯貝利文化圈

（Bloomsbury Group，英國當年重要的菁英團體）的寫作題材是什麼？出外用餐，聊八卦，一起吃飯聊天。卡薩維提和誰一起拍電影？他的朋友。爲什麼？因爲他們相信彼此，喜歡互相幫助以實現彼此的夢想。

藝術家喜歡其他的藝術家。大家總認爲藝術家不會知道這個，人們都鼓勵我們相信「最高點容不下幾個人」。胡說八道，水會尋找自己的水位，並集體上升。

藝術家時常互相幫助，向來如此，但我們被渲染得完全背道而馳。實際上，當我們互助時，總會發生很令人震撼的事。我舉個例子說明。電影導演史可西斯想出、塑造並修訂了「辛德勒名單」的劇本，然後交給朋友史匹柏，認爲這是屬於他的題材。這樁慷慨奉送創意的善行，並不爲人所知，史匹柏因而贏得奧斯卡獎座，成爲「眞正的導演」——雖然史可西斯知道自己會因此喪失得獎的機會，至少在那一年。可是去看看新聞界的報導，這些人被說成彼此較勁，藝術家和藝術家互相對峙，猶如交戰國的運動員在奧林匹克運動會這場迷你戰爭中對立似的。又是滿口的胡說八道。

群聚才會成功。

身爲藝術家，我們必須找到相信自己的人，以及我們能相信的人，團結起來互相支持、鼓勵、守護。

還記得二十年前，我和兩位當時尚未出名的導演狄帕瑪和史匹柏，坐在飯店的房間裡。當時我的未婚夫史可西斯人在法國，他的兩位朋友帶著外賣披薩前來安慰我。

史匹柏談到他一直想拍關於幽浮現象的電影，但因找不到人支持拍片計劃而灰心，但計劃本身還是讓他很興奮。怎麼辦？狄帕瑪鼓勵他追隨自己的心聲，拍攝那部藝術作品。那部電影就是「第三類接觸」。

我講這個故事並不是要秀出名人牌，而是要強調，即使是最有名的藝術家，也不是一開始就出名，創意領域的害怕和懷疑他們不是沒有經歷過。對於我們所有人而言，只要朋友出點力，這些恐懼和懷疑都會過去。

大家開始的時候都一樣：夢想滿滿，荷包空空。運氣好就能找到朋友和我們一起相信夢想；找到的時候，創意社群變成磁鐵，吸引我們的美好。

我教「藝術家之路」很長一段時間，雖然我不信頭痛醫頭、腳痛醫腳這一套，但我發現是可以持續、快速地擁有創意收穫，尤其是大家樂意以社群方式團結在一起時。我到外地授課的目標是，在離開之前發起當地的創意社群，長期彼此關懷和支持。

芝加哥有個社群已經有好幾年的歷史，當初是因為以下的問題而開始：「我能再度提筆寫作嗎？」「我想試著改善，但我很害怕。」「我眞的想當製片。」「我想寫劇本。」

幾年後社群依舊，但問題大不同：「艾美被提名了，誰要幫她辦慶祝派對？」「小潘的第三本劇本還要跟同一個劇團合作嗎？」

上帝在我們生命的果實中得到榮耀。

——古德史密斯

創意人注定要互相鼓勵，我爲此目標而寫此書，也爲此目標而教授這本書。我希望，你的目標是鼓勵彼此的夢想和你自己的夢想。創意點子是智慧的結晶，和愛情的結晶一樣需要培育。培育既是個人，同時也是集體的經驗。

我非常榮幸能在自己的創意社群催生了一本書。我的朋友蕭凱特（Sonia Choquette）是才華橫溢的靈媒和講師，她把多年來的教學經驗整理成寶貴的工具書《心靈小徑》（*The Psychic Pathway*）。身爲她的友人，我每天晚上經由傳眞機收到她的書稿，我也會以傳眞回覆。她和所有藝術家一樣不相信自己，但我相信她。

她在成長過程中，和大家一樣學到要隱藏起創意的光芒，以免自己的光輝使他人相形失色。蕭凱特在跨越創意障礙並產生創意之前，經歷過懷疑、害怕和愈來愈強烈的信念。

我知道還有很多人因爲怕度過靈魂的黑夜，而不敢放膽去做。我給各位的建議是，長夜雖然幽暗，但也可能綴滿星光。

我們可以像鄰近的星座一樣，互相指引，互相陪伴。當你走在藝術家的道路上，我對各位最深切的期望是，在短暫的黑暗時刻裡，以光芒爲伴，相互扶持，慷慨地爲彼此照明。

請謹記在心：群聚才會成功，慷慨才會產生成功。讓我們形成信心鏡的星座，發揮力量。

聖圈守則

1. 創意在安全和接納的環境中滋長。
2. 創意在朋友之間成長，在敵人之間枯萎。
3. 創意點子都是值得保護的稚子。
4. 創意失敗是創意成功的必要條件。
5. 實踐創意是神聖的信任。
6. 違背創意即是違背神聖的信任。
7. 創意回饋必須支持，而不是去羞辱創意之子。
8. 創意回饋必須建立在力量之上，絕對不要著重於弱點。
9. 群聚才會成功，慷慨才能產生成功。
10. 他人的好，絕對不會阻礙我們自己的好。

最重要的是：神是源頭。人類的力量無從扭轉或創造我們的好。大我透過我們而發揮，我們都是導體；我們和心靈源頭連結的程度，完全平等。我們無法每次都知道我們之間誰是最好的老師，但我們都注定要彼此珍惜和服侍。「藝術家之路」是個部落，奉獻的精神給予我們「法」：亦即，在信念最強而有力的時刻，就是我們所夢想追隨的正確路徑。

藝術家禱詞

噢，偉大的造物者
我們奉祢的名聚集
願能將祢
和我們的同伴服侍得更好。
我們奉獻自己供祢差遣。
我們在生命中向祢的創意敞開自我。
我們將舊有觀念交付於祢。
我們迎接祢更開拓的新觀念。
我們相信祢將領導我們。
我們相信追隨祢安全無慮。
我們知道祢創造我們，創意
是祢的和我們的本性。

生命本身根植於神秘，除非接受這項事實，否則我們什麼都學不到。

——米勒

赴必赴之地，我學習之。

——羅斯凱

我們請求祢開展我們的生活
依照祢的計劃，而非依照我們低落的自我價值觀。
幫助我們相信現在還不嫌遲
我們並非太渺小，也並非有太多缺點
而無法被療癒——
藉由祢和透過彼此，變得完整。
幫助我們互相友愛，
關懷彼此的表現，
鼓勵彼此的成長，
了解彼此的畏懼。
幫助我們了解我們並不孤單，
我們被愛，我們值得愛。
幫助我們創造，作爲崇拜祢的行動。

衆生系列JP0145

創作，是心靈療癒的旅程

The Artist's Way: A Spiritual Path to Higher Creativity

作　　者／茱莉亞・卡麥隆（Julia Cameron）
譯　　者／鍾清瑜
編　　輯／徐煖宜
業　　務／顏宏紋

副總編輯／張嘉芳
出　　版／橡樹林文化
城邦文化事業股份有限公司
台北市民生東路二段141號5樓
電話：(02)25007696　傳眞：(02)25001951
發　　行／英屬蓋曼群島家庭傳媒股份有限公司城邦分公司
104台北市民生東路二段141號5樓
客服服務專線：(02)25007718；(02)25001991
24小時傳眞專線：(02)25001990；(02)25001991
服務時間：週一至週五上午09:30～12:00；下午1:30～17:00
劃撥帳號：19863813；戶名：書虫股份有限公司
讀者服務信箱：service@readingclub.com.tw
城邦讀書花園網址：ww.cite.com.tw
香港發行所／城邦（香港）出版集團有限公司
香港灣仔駱克道193號東超商業中心1樓
電話：(852)25086231　傳眞：(852)25789337
E-mail：hkcite@biznetvigator.com
馬新發行所／城邦（馬新）出版集團【Cite(M) Sdn.Bhd.(458372 U)】
11, Jalan 30D/146, Desa Tasik, Sungai Besi,
57000 Kuala Lumpur, Malaysia
電話：(603)90563833　傳眞：(603)90576622
Email：services@cite.my

版面構成／歐陽碧智
封面設計／耳東惠設計
印　　刷／中原造像股份有限公司

初版一刷／2010年 5 月
二版七刷／2023年12月
ISBN／978-986-5613-78-5
價格／380元

國家圖書館出版品預行編目 (CIP) 資料

創作，是心靈療癒的旅程／茱莉亞．卡麥隆（Julia Cameron）作；鍾清瑜譯. -- 二版. -- 臺北市：橡樹林文化，城邦文化出版：家庭傳媒城邦分公司發行，2018.07

面； 公分. --（衆生；JP0145）

譯自：The artist's way : a spiritual path to higher creativity

ISBN 978-986-5613-78-5（平裝）

1.創造力 2.自我實現

176.4 107010661